ROTE WELLE 2
«Niemals vergessen»

Martha Farner, Lydia Woog, Amalie Pinkus, Werner Lehmann, Robert Hemann, Hans Zogg, Jakob Lechleiter, Klara und Gusti Kaufmann, Fritz Rüegg, Helene Fausch-Bossert, Theo Pinkus

«Niemals vergessen!»

Betroffene berichten über die Auswirkungen der Ungarn-Ereignisse 1956 in der Schweiz

Mit einer historischen Einführung von Jean-Pierre Kuster und einer Einleitung von Berthold Rothschild

Limmat Verlag Genossenschaft
Zürich

Mit den Betroffenen gesprochen hat Richard Dindo. Das Interview mit Martha Farner wurde im Winter 1974 aufgezeichnet, die übrigen im Sommer 1976.

Für den Schutzumschlag wurde ein Foto verwendet, das die Tafel zeigt, die zehn Jahre lang im Nachbarsgarten der Familie Farner gestanden hat. (Vergleiche dazu Seite 41 und 42.)

Für die Texte von Berthold Rothschild, Jean-Pierre Kuster, Helene Fausch-Bossert, Robert Hemann, Klara und Gusti Kaufmann, Werner Lehmann, Amalie Pinkus, Theo Pinkus, Fritz Rüegg, Lydia Woog und Hans Zoog
© 1976 by Limmat Verlag Genossenschaft, Zürich
Für den Text von Martha Farner © 1976 by Martha Farner, Thalwil.

Limmat Verlag Genossenschaft, Zürich 1976
ISBN 3 85791 008 9

Inhaltsverzeichnis

Was geschah in Ungarn 1956? Ein historischer Kurzbericht von Jean-Pierre Kuster	7
Einleitung von Berthold Rotschild	15
Vorwort von Richard Dindo	25
Martha Farner: «Ich war von mir aus wahnsinnig entsetzt, daß man Schweizer im eigenen Land so verfolgt.»	27
Lydia Woog: «Wir haben jetzt eine schwierige Zeit, wir müssen das durchstehen.»	55
Amalie Pinkus: «Da war man schon isoliert, wenn man nur den Mund auftat, wenn man nur wagte, irgendetwas anzuzweifeln.»	63
Werner Lehmann: «In der Schweiz ist es schwer, Kommunist zu sein.»	71
Robert Hemman: «Am andern Tag, ich glaube es war ein Freitag, erhielt ich die Kündigung.»	77
Hans Zogg: «Die Bücher zündeten sie sogleich an. Und zwar wahllos.»	83
Jakob Lechleiter: «Wir weisen den Vorwurf, hier die Interessen einer fremden Macht zu vertreten, mit aller Entschiedenheit zurück.»	89
Klara und Gusti Kaufmann: «Mir erschien dieser demokratische Zentralismus etwas fragwürdig, weil ich in der Praxis merkte, daß die Demokratie nicht spielte, nur der Zentralismus.»	93
Fritz Rüegg: «Nun hatte ich meiner Lebtag zum Glück nie Angst.»	101
Helene Fausch-Bossert: «Z'Rußland gsi, z'Rußland gsi, so die mache mer jetzt hii.»	111
Theo Pinkus: «Uns rettete die gewerkschaftliche und Genossensolidarität.»	119

Was geschah in Ungarn 1956?

Ein historischer Kurzbericht

Noch heute, nach 20 Jahren, fällt es nicht leicht, ein Bild von den Ereignissen, die sich im Spätherbst 1956 in Ungarn abspielten, zu gewinnen. Viele Fragen bleiben offen, wollen auch gar nicht beantwortet werden, da die meiste Publizistik nur zu offensichtlich den Aufstand in den Dienst ihrer Interessen nehmen will. Während die westlichen Darstellungen, die sehr oft aus rechtsbürgerlichen Kreisen stammen, die Ereignisse dazu verwenden, um Wasser auf ihre antikommunistischen Mühlen zu gießen, wirft die offizielle kommunistische Version alle Oppositionskräfte in den einen Topf der Restauration des autoritär-feudalen Horthy-Regimes. In Wirklichkeit wurden mindestens dreierlei Strömungen und Motive in der bis zum Aufstand sich entwickelnden Opposition gegen das Rakosi-Regime deutlich. Einmal war es die aus den Reihen der Kommunisten kommende Kritik an den unsozialistischen Maßnahmen und Repressionen Rakosis und der Stalinisten, dann die Opposition der enteigneten und deklassierten Angehörigen der Bourgeoisie und schließlich die innerhalb und außerhalb der Grenzen wirkenden Faschisten und Horthy-Anhänger – vor allem die ehemaligen Großgrundbesitzer und die klerikale Reaktion um Kardinal Mindszenty.

Die zentrale Frage, wohin der Aufstand, der in den letzten Oktobertagen eine eigene Dynamik zu entwickeln begann, geführt und welche Kräfte sich schließlich durchgesetzt hätten, wird immer umstritten bleiben. In dieser Einleitung kann es denn auch nur darum gehen, den Ablauf zu skizzieren und einige seiner wesentlichsten Ursachen darzulegen. Es soll gezeigt werden, wie es dazu kommen konnte, während beispielsweise in Polen, wo sich 1956 ähnliche Kräfte regten, die Bewegung nach einem gewaltsamen Beginn (Juni-Revolte in Posen) das von ihr angestrebte Ziel, die endgültige Ablösung der alten Stalinisten-Garde, gewaltlos erreichte.

Die wesentlichsten Gründe des Oktoberaufstandes sind in der Geschichte der noch jungen Volksrepublik zu suchen, die ihre Anfangsjahre unter den härtesten Bedingungen eines stalinistischen Regimes erlebte. Ungarn, das sich 1940 mit den Achsenmächten verbündet hatte, wurde 1944/45 von der vorrückenden Roten Armee befreit. Gemäß interalliierter Abmachungen (Geheimabkommen Stalin–Churchill vom Oktober 1944) sollte Ungarn nicht völlig in die sowjetische Einflußsphäre gelangen. Stalin, der sich nach 1945 genauer an die getroffenen Vereinbarungen hielt als seine Westalliierten, ließ denn auch in Ungarn im Herbst 1945 freie Wahlen zu, welche der Partei der Kleinen

Landwirte die absolute Mehrheit brachten (die Linksparteien erhielten rund 40 % der Stimmen). Schon bald nach dem Ende des Weltkrieges sollten seine Resultate korrigiert werden; die Ära des kalten Krieges setzte ein. Die USA, im alleinigen Atomwaffenbesitz militärisch, aber auch wirtschaftlich weit überlegen, versuchten mit einer Politik der Stärke die Sowjetunion zurückzudrängen (Truman-Doktrin vom 12. März 1947). Die UdSSR beantwortete die amerikanische Offensive mit einer rigorosen Durchsetzung ihrer eigenen macht- und sicherheitspolitischen Interessen in denjenigen Ländern, die in ihrer Einflußsphäre lagen.

In Ungarn setzte die kommunistische Machtübernahme 1947 ein. Die Partei der Kleinen Landwirte wurde ausgeschaltet, die sozialdemokratische Partei wurde 1948 der KP angeschlossen. Neuwahlen mit Einheitslisten leiteten den Übergang zur Volksrepublik (1949) ein. Generalsekretär der «Partei der ungarischen Werktätigen» – so hieß die KP nach dem Anschluß der SP – war Matyas Rakosi, ein getreuer Anhänger Stalins. Unter Horthy hatte er jahrelang im Gefängnis gesessen und war von der Sowjetunion in einem Austauschverfahren befreit worden. Er führte eine rigorose Unterdrückung der innenpolitischen Gegner und der Opposition in den eigenen Reihen durch und erfüllte mit einer mächtigen politischen Polizei (AVH) die Forderungen der KPdSU und der sowjetischen Geheimpolizei. Tausende wurden verhaftet und abgeurteilt. Zu den prominentesten Opfern Rakosis gehörte Laslo Rajk, der frühere Innen- und Außenminister, der als titoistischer Verräter hingerichtet wurde, und Janos Kadar, der 1951 bis 1953 im Gefängnis saß.

Nach dem Tode Stalins (1953) erfolgte eine politische Liberalisierung. Rakosi trat die Ministerpräsidentschaft an Imre Nagy ab, blieb jedoch als Parteisekretär weiterhin in einflußreichster Stellung. Nagy befreite politische Gefangene, reformierte die Landwirtschaftspolitik, welche bei den Bauern auf starke Ablehnung gestoßen war und begann die Konsumgüterindustrie zu fördern. Die wirtschaftliche Lage in Ungarn begann sich wesentlich zu verbessern. 1955 gelang es Rakosi, Nagy abzusetzen und aus der Partei auszuschließen. Nach dem XX. Parteitag der KPdSU im Februar 1956 konnte sich Rakosi jedoch nicht mehr an der Macht halten. Er wurde im Juli durch Ernö Gerö ersetzt.

Mit dem Sturz Rakosis geriet die Führung der Partei in eine Krise, da das neue Politbüro gespalten war. Die Rakosi-Kritiker um Kadar konnten sich nicht entscheidend durchsetzen, weil die Stalin-Anhänger auch ohne Rakosi ihre starke Stellung behaupten konnten. Die Wahl Gerös aus ihren Kreisen zum Parteisekretär verstärkte die Opposition, welche sich um Nagy gruppierte und dessen Wiederberufung forderte. Eine Revolte des Schriftstellerverbandes gegen die Partei blieb ohne Sanktionen und ermutigte die Opposition, welche vor allem in Kreisen der Intellektuellen (Petöfi-Klub, Schriftstellerverband) und Studenten ihre Träger fand. In allen Universitätsstädten entstanden im Sommer 1956 literarisch-politische Debattierklubs. Die Rehabilitierung von Laslo Rajk, eine zentrale Forderung der Oppositionellen, wurde der Partei abgerungen. Anfang Oktober erhielt er ein offizielles Staatsbegräbnis, welches zu einer friedlichen Großdemonstration (300 000 Teilnehmer) wurde.

Wesentlichen Auftrieb erhielt die ungarische Opposition durch die Ereignisse in Polen, welche Mitte Oktober ihrem Höhepunkt zustrebten. Wladyslaw Gomulka, Symbol nationaler Unabhängigkeit und politischer Liberalisierung, war es endlich gelungen, die Parteiführung zu übernehmen.

Am 23. Oktober findet in Budapest eine Solidaritätsdemonstration für Polen statt. In einer Resolution des Schriftstellerverbandes wird auch für Ungarn eine unabhängige und nationale Politik auf der Grundlage des Sozialismus, die Ausschaltung der Rakosi-Clique und die Wiederberufung von Imre Nagy gefordert. Die Führungslosigkeit der Regierung tritt bei dieser Gelegenheit einmal mehr zutage: Nachdem die Demonstration vorerst verboten worden war, kapituliert die Regierung unter dem Druck der Ereignisse und erteilt nachträglich die Bewilligung. Die Kundgebung verläuft ruhig, am Schluß löst sie sich jedoch nicht auf. Die Bevölkerung Budapests geht auf die Straße, Arbeiter strömen aus den Vorstädten ins Zentrum. Immer lauter werden politische Forderungen artikuliert, ohne daß die Staatsgewalt entschieden und klärend eingreift. In einer politisch äußerst ungeschickten Radioansprache diffamiert Gerö die Demonstration als «nationalistische Brunnenvergiftung und Provokation», womit er die Spannung nur noch mehr anheizt.

Als die Demonstranten am Abend mit der politischen Polizei (AVH) zusammenstoßen, fallen die ersten Schüsse. Von welcher Seite diese abgegeben wurden, wird sich wohl kaum mehr klären lassen. Die Ordnungskräfte erweisen sich als unfähig, die immer mächtiger werdende Bewegung unter Kontrolle zu bringen. Das Zentralkomitee, das in aller Eile zusammengerufen wird, verliert den Kopf und beschließt, die in Ungarn stationierten sowjetischen Truppen zur Wiederherstellung der Ordnung anzurufen. Gleichzeitig wird Imre Nagy zum Ministerpräsidenten ernannt. Beide Maßnahmen sollten erfolglos bleiben. In der Nacht weitet sich die Demonstration zum bewaffneten Aufstand aus und ergreift auch die übrigen Städte Ungarns. Revolutionskomitees und Arbeiterräte übernehmen meist kampflos die Macht. Die Staatsgewalt, unfähig der Bewegung Einhalt zu gebieten, beginnt zu zerfallen. Immer deutlicher enthüllt sich die Bewegung als nationale, vom ganzen Volk getragene Erhebung gegen die verhaßte stalinistische Führung und deren Garanten, die UdSSR. In die für demokratische und sozialistische Forderungen demonstrierenden Massen der Arbeiter und Intellektuellen mischen sich aber auch die versteckten und offenen konterrevolutionären Kräfte, die die Empörung und berechtigte Kritik am stalinistischen Regime für ihre eigenen Ziele ausnützen wollen.

24 Stunden nach Ausbruch der Kämpfe treffen Mikojan und Suslow, Mitglieder des Politbüros der KPdSU, in Budapest ein. Sie setzen beim ZK die Absetzung Gerös durch, weil sich dieser als unfähig erwiesen hatte, die Krise zu meistern und durch sein Hilfegesuch bei der sowjetischen Garnison die Lage nur verschärft hatte. Janos Kadar tritt an seine Stelle.

Die neue Führungsspitze Nagy/Kadar, deren Auffassung von der Lösung der Krise bei den Sowjets offensichtlich durchgedrungen war, versucht in den folgenden Tagen vergeblich, die Kämpfe zu beenden. Nagy anerkennt die gerechtfertigten Motive, der Aufständischen und verspricht, den Rückzug der sowjetischen Truppen zu erreichen. Sein Appell zur Niederlegung der Waffen bleibt jedoch erfolglos. Die Kämpfe zwischen den Rebellen, denen sich auch Teile der ungarischen Armee (Maleter u. a.) angeschlossen hatten und den sowjetischen Truppen, unterstützt von der AVH, gehen weiter. Auch die Aufnahme von prominenten Vertretern der ehemaligen Partei der Kleinen Landwirte (Bela Kovacs und Zoltan Tildy) in die Regierung (27. Oktober) kann den Zerfall der staatlichen Autorität nicht aufhalten. Die KP, welche bereits seit Monaten in einer Krise steckte, fällt in den letzten Oktobertagen völlig auseinander.

Mehr und mehr beginnen sich Rechtskräfte durchzusetzen. Deren Sprachrohr ist der «Freie Sender Petöfi» aus Györ, der einen offen antikommunistischen Kurs steuert und der Regierung Nagy die Anerkennung verweigert. In Budapest macht die Bevölkerung Jagd auf die verhaßte Politpolizei. Dutzende ihrer Mitglieder werden von der aufgebrachten Menge gelyncht. Nachdem der Austritt aus dem Warschauer Pakt gefordert worden war, ruft der Sender Petöfi am 29. Oktober den Generalstreik aus, «bis die letzte sowjetische Division aus Ungarn abgezogen ist».

Am 29. Oktober beginnen die sowjetischen Truppen, denen es nicht gelungen war, die Aufständischen zu besiegen, mit dem Rückzug aus Budapest. Die schweren Kämpfe flauen nun endgültig ab und werden am folgenden Tag eingestellt. Die Aufständischen weigern sich jedoch, ihre Waffen der ungarischen Armee abzugeben. Nagys Situation wird von Tag zu Tag ausweglosser. Allein, ohne loyale Ordnungsmacht, versucht er den Aufstand unter Kontrolle zu bringen, indem er diesen faktisch legalisiert und die Rebellen als Ordnungsmacht anerkennt. Maleter tritt in die Regierung ein. Am 30. Oktober verkündet Nagy

Neuwahlen, unter Wiederzulassung der Koalitionsparteien von 1945. Am 31. Oktober verlassen die sowjetischen Truppen endgültig Budapest. Die Lage bleibt jedoch ungeklärt: Gleichzeitig marschieren massive Truppenverstärkungen in Ungarn ein, und der Generalstreik dauert fort. Am kommenden Tag scheint der Bruch zwischen der ungarischen Regierung und der Sowjetunion, welche Nagy eine Chance zur Meisterung der Lage gewährt hatte, endgültig. Nagy ergreift die Flucht nach vorn und erklärt den Austritt aus dem Warschauer Pakt, während die Sowjets ihr zweites militärisches Eingreifen vorbereiten.

Obwohl Nagy die wesentlichen Forderungen der nun deutlich antikommunistisch gewordenen Bewegung erfüllt hatte, wird ihm die Unterstützung weiter verweigert. Kardinal Mindszenty, der Primas von Ungarn, welcher nach achtjähriger Haft in den letzten Oktobertagen befreit worden war, fordert die Bildung einer Koalitionsregierung mit Einschluß einer christlichen, an Adenauers CDU orientierten Partei und die Restauration des Kirchenbesitzes.

Am 3. November bildet Nagy die Regierung ein weiteres Mal um. In dieser Neuauflage der Koalition von 1945 nehmen die Kommunisten nur noch eine Minderheitsposition ein. Gleichentags nehmen Vertreter der ungarischen und sowjetischen Armee Verhandlungen über den definitiven Rückzug der sowjetischen Truppen auf, deren Stärke inzwischen auf 12 Divisionen angewachsen ist (Garnisonsstärke: 2 Divisionen). Allerdings ist die Sowjetunion an Verhandlungen nicht mehr interessiert. Die ungarische Delegation mit Verteidigungsminister Maleter wird vom Verhandlungstisch weg verhaftet. Dies ist auch der Auftakt für die neue Intervention, welche in der Nacht zum 4. November beginnt. Panzertruppen rollen in der Morgenfrühe gegen die Hauptstadt vor. Innerhalb von 24 Stunden ist der militärische Hauptwiderstand der schlecht bewaffneten Aufständischen gebrochen. Tausende verlieren ihr Leben im Straßenkampf, Budapest wird durch die Panzertruppen und Artillerie schwer in Mitleidenschaft gezogen.

Janos Kadar, der bereits am 1. November die ungarische Regierung verlassen hatte, gibt die Bildung einer «ungarischen revolutionären Arbeiter- und Bauernregierung» bekannt. Während die militärischen Auseinandersetzungen im ganzen Land nach einigen Tagen beendigt werden, dauert der politische Widerstand fort. Der Generalstreik wird weitergeführt und im zentralen Arbeiterrat von Budapest entsteht eine Gegengewalt, deren Widerstand erst im Laufe des Dezembers gebrochen wird.

Imre Nagy war am 4. November in die jugoslawische Botschaft geflohen. Nachdem ihm die ungarische Regierung die unbehelligte Rückkehr in seine Wohnung zugesichert hat, verläßt er sein Asyl. Er wird jedoch von den Sowjets verhaftet und (vermutlich) nach Rumänien gebracht. Am 16. Juni 1958 wird im ungarischen Radio mitgeteilt, daß Imre Nagy, Pal Maleter und zwei weitere Männer zum Tode verurteilt und hingerichtet worden sind.

Wenn wir zum Schluß nochmals auf die Frage nach den Ursachen zurückkommen, so scheint das Versagen der ungarischen KP eine zentrale Rolle gespielt zu haben. Im Gegensatz etwa zu Polen, war es ihr nach dem XX. Parteitag der KPdSU nicht gelungen, die Ablösung der stalinistischen Führung durchzusetzen und mit einer unabhängigeren Politik Rückhalt im Volk zu gewinnen. Seit dem Sturz Rakosis befanden sich Partei und Staatsführung in einer Dauerkrise. Die Ablösung der Führungsspitze Gerö/Hegedüs durch Kadar/Nagy erfolgte zu spät, als daß sie noch zu einer entscheidenden Wende hätte führen können. Die Herbeirufung der sowjetischen Truppen durch Gerö, welcher als Rakosi-Adlat nie über eine Rolle als treuer Befehlsempfänger hinausgekommen war und deshalb der Situation des 23. Oktober überhaupt nicht gewachsen war, löste dann die verhängnisvolle Entwicklung endgültig aus.

Die offizielle Begründung Moskaus, daß faschistisch-reaktionäre Elemente der alten Führungsschicht nach der Macht griffen, hat allerdings mehr legitimierenden Charakter. Wenn auch die Kräfte der Reaktion, welche im Ausland mächtige Verbündete hatten, nicht unterschätzt werden dürfen, so muß doch festgehalten werden, daß die Oppositionsbewegung vom Volk, von den Arbeitern getragen wurde. Diese hatten sicherlich kein Interesse, das bereits Errungene zu verlieren und die alten Verhältnisse wieder herzustellen. Auch die Bauern, die ihre härteste Bedrückung im Horthy-Ungarn erfahren hatten, hätten der Wiederherstellung des Großgrundbesitzes größten Widerstand entgegengesetzt.

Politisch zielte die Bewegung jedoch eindeutig vom sowjetischen Bündnis weg. Die Sowjetunion als Garant der verhaßten Herrschaft von 1948-56 war genauso diskreditiert wie die ungarische KP, welche noch im Oktober völlig von der Bildfläche verschwunden war. Die an ihrer Stelle am 1. November neugegründete «ungarische sozialistische Arbeiterpartei» konnte nur in harter und jahrelanger Arbeit das Vertrauen der Bevölkerung zurückgewinnen. So kann man mit einiger Sicherheit annehmen, daß die von Nagy angekündigten freien Wahlen eine antikommunistische Mehrheit gebracht hätten.

Die Frage, in welchem Maße eine ökonomische Restauration des Kapitalismus erfolgt wäre, gehört ins weite Feld der Spekulation. Die führende Stellung der Arbeiterklasse bei den Ereignissen darf in diesem Zusammenhang nicht außer acht gelassen werden. Ob der Westen, der durch seine propagandistische Unterstützung der Rechtskräfte (Radio «Freies Europa», «Stimme Amerikas») und die Agitation gegen Nagy eine verhängnisvolle Rolle gespielt hatte, wirklich so leicht zu einem antisozialistischen Vorposten in seinem Kampf gegen die Sowjetunion gekommen wäre, bleibt so immerhin sehr fraglich. Der Versuch, die Ereignisse in Ungarn zur Schwächung der globalen Position der Sowjetunion auszunützen, scheiterte. Das gleichzeitig stattfindende «Suez-Abenteuer», der Angriff von Israel, Großbritannien und Frankreich gegen das mit der Sowjetunion befreundete Ägypten, macht deutlich, daß 1956 die Gefahr eines neuen Weltkrieges mit zwei Kriegsherden in gefährliche Nähe gerückt war.

Jean-Pierre Kuster

Einleitung

Dieses Buch will in erster Linie über Erlebnisse berichten, die auf dem Höhepunkt des Kalten Krieges verschiedensten Vertretern und Angehörigen der Schweizer Linken zugestoßen sind. Mit Absicht wird größtenteils darauf verzichtet, tiefere Analysen über Vorgänge anzustellen, die ohnehin dem großen Publikum nie ‹objektiv› geschildert worden waren, sondern getarnt in der ‹Objektivität› bürgerlicher Presse-Dokumentationen einen unrühmlichen Teil schweizerischer Ideologie darstellen. Die geschichtliche und politische Analyse der sogenannten Ungarn-Krise des Jahres 1956 wurde und wird andernorts und sicher auch von kompetenterer Seite her vorgenommen, und sie setzt sich teilweise im Kalten Krieg der Wissenschaften und Ideologien fort.

Auch steht hier nicht der ganze Komplex der Vorgänge in Ungarn zur Diskussion, sondern nur dessen Widerspiegelung in der schweizerischen Wirklichkeit. Schweizer waren es, die von Schweizern gequält, verfolgt und diskriminiert wurden und nicht etwa irgendwelche Ausländer, deren Repression hierzulande ja keine Neuigkeit darstellt. Darüber will dieses Buch berichten und darüber äußern sich Schweizer, die in ihrem Lande und für ihr Land gekämpft und gelitten haben. Doch selbst diese Optik unterliegt einer Einschränkung: nicht die gesamtschweizerischen Ereignisse kommen hier zu Wort, sondern vorwiegend jene in Zürich, wo der Kampf besonders hart, die antikommunistische Hysterie besonders massiv war, und wo unter der gezüchteten Entrüstung einer sich fein gebenden Neuen Zürcher Zeitung ein Repressions-Niveau entstand, das in anderen Landesteilen, z. B. in der Westschweiz, nie erreicht wurde. Die Solidarität unter den Arbeitern war dort deutlich größer und die Repressionsversuche konnten entsprechend auch besser abgewehrt werden; in Genf waren es die Arbeiter, weit über den Kreis der Parteiangehörigen hinaus, welche die Druckerei der ‹Voix Ouvrière› gegen verhetzte Jugendliche mit Erfolg verteidigten. Hier weist dieses Buch in seiner Breite deutliche Lücken auf, so daß fälschlicherweise der Eindruck entstehen könnte, die Kritik richte sich global gegen die schweizerische Bevölkerung als Ganzes und nicht nur gegen deren bourgeoisen Mächte. Ein zweiter Mangel besteht sicher auch darin, daß in den Interviews nur die Befragten, nicht aber auch die Fragenden zu Worte kommen, so daß da und dort der unrichtige Eindruck entstehen könnte, die Zeugen hätten ihre Aussagen schriftlich und nach langer Reflexion niedergelegt. Gerade in der Frische des Gespräches und in der damit verbundenen Lückenhaftigkeit liegt aber auch die Lebendigkeit und Authentizität der Aussagen.

Es ist nicht häufig, daß aus der linken Ecke persönliche Erlebnisberichte publiziert werden und dies hat seinen guten Grund. Sozialisten erleben ihre Individual-Geschichte nicht losgelöst von der Geschichte der Arbeiterklasse als Ganzes, und es besteht zu Recht eine gewisse Skepsis, Geschichte in anekdotische Einzelerlebnisse aufzulösen. Dennoch scheint es nützlich, Vorgänge aufzuzeigen, die sich scheinbar zunächst am Einzelnen abspielten – dann aber gleich auch als ein Stück Geschichte unseres Landes sich zusammenballen und nicht mehr als Kampf von Menschen gegen Menschen, sondern als solcher der Ideologien und Klassen sichtbar wird. Nicht Bieri verfolgt Farner, nicht die NZZ den Vorwärts, sondern das Bürgertum und seine Akteure setzen zur Hetzjagd auf die Arbeiterklasse und ihre Vertreter an, paradoxerweise oft unterstützt von Persönlichkeiten der Sozialdemokratie und der Gewerkschaftsführung. Ihrem Bewußtseins- und Informations-Stand gemäß zieht die große Masse mit, berauscht von scheinbarer Klarheit über ‹Recht und Unrecht›. Schweizerische Eigenbrödelei setzt sich plötzlich um in Massenphänomene, die genauen politischen und massenpsychologischen Gesetzen folgen und die nun schlagartig, wenn auch nur für kurze Zeit, dem anonymen Einzelnen und der Masse eine scheinbare Identität vermitteln. Die Identität des Bürgertums definiert sich aber meistens durch Abgrenzung von Minoritäten, durch die Errichtung von Sündenböcken und in ihren tragischen Höhepunkten durch die primitive Klarheit faschistoider Klärungsprozesse.

Bleiben wir nun aber in der Dimension der persönlichen Erlebnisse, und es sei mir deshalb gestattet, gewisse innere Vorgänge so dazustellen, wie ich sie damals erlebt habe. Diese unterscheiden sich in den Voraussetzungen und Inhalten erheblich von den übrigen Zeugenaussagen dieses Buches und könnten manchem Leser sogar etwas bekannter und vertrauter vorkommen, als die Schilderungen der schon damals bestandenen Sozialisten:

19 Jahre alt war ich, Sohn einer gutbürgerlichen Familie und Medizinstudent der ersten Semester. Die jüdische Herkunft beinhaltete eine schon in der frühen Kindheit erlebte, antifaschistische Tradition, die jedoch vorwiegend familiär verankert war. Aus der heutigen Sicht kann man von zahlreichen ‹falschen Selbstverständlichkeiten› sprechen, die dem Kriegs- und Nachkriegskinde ideologisch einverleibt worden waren: So waren es vor allem die Amerikaner, die Europa befreiten – die Russen waren rauhe Kerle, die als Besatzer Uhren klauten und Frauen vergewaltigten. Der Churchill'sche Antibolschewismus wurde, insbesondere nachdem jener in Zürich begeistert empfangen worden war, synonym mit dem Freiheitsbegriff schlechthin, und langsam nistete sich in uns die ‹Rot gleich Braun-Ideologie› ein – man baute in seinen Alpträumen langsam Russen ein, wo vorher Nazis waren. Der Kalte Krieg wurde selbstverständlich nur von den Russen geführt und wie eine Guillotine der Versklavung hatten diese mitten in Europa einen eisernen Vorhang fallen lassen. Die heute in un-

seren Landen so vielgeschmähte UNO war ein Garant der Freiheit und bewies dies dem Westen durch ihre bewaffnete Intervention in Korea auf der Seite der USA. Man wußte zwar auch, daß die Schweiz in den dreißiger und vierziger Jahren eine ziemlich fragwürdige Flüchtlingspolitik betrieben hatte und von Bührle munkelte man, er habe Waffen nach Nazi-Deutschland geliefert. Aber dies waren lediglich einige wenige ‹Verirrungen› in der sonst so eindeutig freiheitlichen Innenpolitik. Unsere politischen Diskussionen bezogen sich vor allem auf die Frage, ob die Schweiz nun auch wirklich neutral bleiben solle, oder ob sie sich nicht gescheiter ganz offen auf die Seite der NATO schlagen solle – zumindest aber war man gegen den Rapacki-Plan, der Mitteleuropa neutralisieren wollte. Die Welt war so einfach und klar zu interpretieren: das Böse im Osten, die Freiheit bei uns. Wir hatten diese Freiheit bereits und längstens erworben, und sie mußte lediglich gegen die subversiven Elemente einer roten fünften Kolonne verteidigt, jedoch in keiner Weise auch produziert und ausgeweitet werden. Selbst der mögliche Besitz einer Atombewaffnung gehörte vielleicht zu unserer Freiheit und dies wurde gegenüber den ohnehin verdächtigen Atomgegnern unter dem Zeichen der Freiheit mit ernstem Engagement vertreten.

Unsere Freiheit war eine Selbstverständlichkeit, die Privilegien unseres bürgerlichen Studenten-Daseins waren ein Teil davon und das ewige Geschwätz von den Arbeitern und ihren Forderungen war ohnehin das Produkt ausländischer Infiltration. Die Aufstände in Ost-Berlin und Polen wurden bejubelt und in der Schule feierlich gewürdigt, doch blieb unsere Teilnahme am ‹Freiheitskampf› meistens passiv, verbal und applaudierend – das einzige was man konkret für die Freiheit tun konnte, war das Aufspüren und Denunzieren von Neutralisten, Pazifisten und Kommunisten. Als Mittelschüler und Student nahm ich mit Begeisterung an kleineren und größeren Protestaktionen gegen osteuropäische Ausstellungen und Veranstaltungen teil und fand den Violinisten David Oistrach mit seinen gekonnten Schalmeitönen ebenso gefährlich, wie dies unsere Presse darstellte. Meistens bestand die Freiheit darin, es irgendwelchen ‹Anderen› zeigen zu können. Ich trat in die damals eindeutig rechts stehende liberale Studentenschaft ein und erfreute mich eines regen Kontaktes mit dem Sekretariat der Freisinnigen Partei an der Urbangasse. Unsere politische Aktivität an der Universität fand wohlwollendes Echo bei Behörden und Professoren, und der ‹Zürcher Student› bediente sich eines klaren politischen Mandates.

Im Zürcher Jugendparlament lernte man die westliche Freiheit auch verbal gegen Sozialdemokraten und andere gefährliche Elemente zu verteidigen und wußte sich mit seinen Argumenten von der NZZ bestätigt und gefördert. Die großen Männer hießen John F. Dulles, Salvador de Madariaga und Wilhelm Röpke – Senator Joseph McCarthy war ein etwas patziger Verteidiger der westlichen Freiheit.

Nie aber kam man so richtig zum Zuge, um sein Engagement für die Freiheit des Westens überzeugend unter Beweis stellen zu können und dies wäre um so wichtiger gewesen, als man sich als Schweizer, wenn immer man im Auslande war, sagen lassen mußte, man habe im antifaschistischen Kampfe eigentlich nicht gerade viel getan. Der XX. Parteitag der KPdSU mit der Stalinismus-Kritik war uns nicht eben willkommen, denn entgegen unseren Behauptungen schien ein kritischer Prozeß in Rußland eben doch nicht ganz ausgeschlossen und dieser Chruschtschow war uns beinahe unheimlicher als seine Vorgänger, die uns doch stets so klare Argumente für unsere große Freiheit geliefert hatten.

Wie froh, wie unendlich dankbar müssen wir gewesen sein, als die Ereignisse in Ungarn ausbrachen und wir – insbesondere als Studenten – nun endlich einmal mit mutigen Worten und unerschrockenen Taten unser Freiheits-Dogma unter Beweis stellen konnten. Wir sammelten Kleider für die ungarische Bevölkerung und kamen uns als Helden vor, weil es uns gelang, in die Taschen jedes Kleidungsstückes auch gleich noch einen Molotowcocktail mit genauer Gebrauchsanweisung einzuschmuggeln. Aktivisten der Zürcher Studentenschaften reisten illegal über die ungarische Grenze, um am Kampfe teilzunehmen oder um Flüchtlinge über die österreichische Grenze zu schmuggeln. Die Entrüstung über den russichen Einmarsch war ungeheuer und wie ein Rausch zog es durch die ganze Bevölkerung – wehe dem, der da nicht begeistert mitmachte. Jeder wollte den andern in Deklarationen und Rachedrohungen übertrumpfen – es gab für unseren Betätigungsdrang viel zu wenige Kommunisten in unserer Stadt. Die Neue Zürcher Zeitung lobte uns, informierte uns und half da und dort mit wichtigen Informationen nach, so etwa am 13.11.56 mit dem diskreten Tip «...vielleicht kann an ihrer Stelle Dr. Konrad Farner Auskunft geben; er ist jetzt zurück aus Berlin und wohnt in Thalwil an der Mühlebachstraße 11.» Was aus dieser scheinbar nichtssagenden Information hervorging, ist in diesem Buche nachzulesen.

Man legte feierliche Gelübde ab, niemals zu vergessen und man forderte mit Drohungen jeden ökonomischen und kulturellen Verkehr mit der Sowjetunion zu boykottieren. (z.B. in der NZZ vom 27.11.56: «...Im Hinblick darauf, daß die Aufrechterhaltung wirtschaftlicher Beziehungen mit der Sowjetunion und den von ihr vorgeschobenen Satelitenstaaten eine unter diesen Umständen unerwünschte Stärkung der Gegner unserer schweizerischen freiheitlichen Weltanschauung darstellt, hält der Bankprokuristen-Verein Zürich dafür, daß die maßgeblichen Kreise des Handels, der Industrie und des Bankwesens unverzüglich Maßnahmen prüfen, welche geeignet sind, den Handel mit der Sowjetunion und den anderen kommunistischen Staaten zu verhindern»).

Dort wo man keine Kommunisten und deren Sympathisanten mehr aufspüren konnte, richtete sich der Kampf gegen bürgerliche Schweizer, die in unseren Augen zu wenig taten, um das Feuer der hysterischen Erregung zu unterhalten, und gefeiert wurden jene Persönlichkeiten, die da eifrig mitagierten. Manchem mag die Gelegenheit nützlich erschienen sein, peinliche Stellungnahmen während des Dritten Reiches jetzt mit Vehemenz wiedergutzumachen – so etwa Prof. W. Kägi in einem viel beachteten Vortrag vor der Neuen Helvetischen Gesellschaft, wo er «in eindrücklicher und erfrischend klarer Weise» die notwendigen Konsequenzen aus den Ereignissen zog: «... Die Novembertage haben uns restlose Klarheit über das Experiment der ‹friedlichen Koexistenz› beschafft... die Stunde der Offensive ist gekommen... die geistige, wirtschaftliche und militärische Landesverteidigung (ist) zu verstärken... In der Schweiz muß das Ringen um die Gerechtigkeit mit neuem Verantwortungsbewußtsein fortgeführt werden... sodann aber müssen wir die Schranken der staatlichen Sozialpolitik klar erkennen... Die Illusion (daß man) die ‹soziale Gerechtigkeit an Stelle der bloßen Rechtsgleichheit› und die ‹ soziale Demokratie an Stelle der bloßen Formaldemokratie› setzen könne, ist in grauenhafter Weise dementiert worden... Die nächsten Monate werden zeigen, ob man wenigstens andere Konsequenzen, die sich aufdrängen, die Integration Europas und der freien Welt durch einen Ausbau der NATO, ziehen wird... Sollte es je zu einer Antinomie zwischen Neutralität und Menschlichkeit kommen, so darf unser Entscheid keinen Augenblick zweifelhaft sein...» (Zitiert in der NZZ vom 30. 11.56).

Am 20. November 1956 wurde in einem dreiminütigen Schweigen feierlich der Opfer des Aufstandes gedacht – in der NZZ beinahe kitschig gewürdigt als eine Art Gottesdienst für die Freiheit: «... ein ganzes Land hält den Atem an und bittet und betet... man hört die übersteigerte Stimme einer Frau, die es gedrängt hat, im Namen aller laut zu beten; und siehe, es stört nicht, stört um so weniger, als dies Gebet ein kurzes ist... Deportation ist nicht mehr nur ein Begriff, ein Anlaß sich politisch zu empören, Deportation wird bildhaft, und mancher erblickte in seiner Phantasie die Eisenbahnzüge, die jetzt in den ungarischen Bahnhöfen bereitstehen und in die man die ungarische Jugend, auch Frauen und Kinder zwängt... Die Lehrerin in der Töchterschule hat den Dreizehnjährigen zu Beginn der Stunde das Nötige gesagt über den Sinn dieser drei Minuten. Sie hat die Tische abräumen lassen, damit keines der Kinder in Versuchung gerate, mit Bleistift oder Radiergummi zu spielen, und liest ihnen das Gedicht Liliencrons von dem tapferen friesischen Fischervolk, das lieber tot als Sklave sein wollte, als sinnvollen Beitrag zu dieser Stunde der Besinnung. Als die

Glocken zu läuten beginnen, öffnet sie das Fenster. Es wird still. Alle Kinder lauschen, bis die Glockenstimmen leiser und leiser werden und schließlich verstummen. Nun ist Lautlosigkeit im großen Schulzimmer. Viele der blonden und dunklen Köpfe haben sich gesenkt. Einige Kinder haben die Hände gefaltet wie in der Kirche, Ernst liegt auf all den jungen Gesichtern... die Jugend hat die Bedeutung dieser Minuten des Schweigens verstanden...» (NZZ vom 20. 11. 56).

Zehn Monate später flammte die geschürte Entrüstung nochmals auf, als die Zürcher Delegation am Weltjugendfestival in Moskau in die Schweiz zurückkehrte. Ein riesiges ‹Empfangskomitee› erwartet sie unter dem Motto ‹Niemals vergessen› am Bahnhof Enge. Eine Lichtreklame am Bahnhofplatz (wer hat sie wohl veranlaßt und bezahlt?) hatte zur Demonstration aufgerufen: «Die Schweizer Moskauwallfahrer kommen heute abend um 22.25 in Zürich-Enge an. Wie wird sie die Zürcher Bevölkerung empfangen?» Es kam zu handgreiflichen Zwischenfällen, Koffer wurden aufs Perron geleert, Bücher und Broschüren wurden öffentlich verbrannt. Ich muß gestehen, ich war dabei und trug ein Plakat mit dem Aufruf ‹Niemals vergessen›.

Dieses verspätete Nach-Ereignis sollte in meiner weiteren Entwicklung von entscheidender Bedeutung sein. Ich war schon damals meiner Sache nicht mehr so sicher, nachdem ich im Dezember 56 Gelegenheit hatte, in Wien an der Ungarn-Hilfe mitzuwirken. Dort hatte ich von einigen Flüchtlingen Dinge erfahren, die in unseren Zeitungen nicht zu lesen waren: von antisemitischen Exzessen während des Aufstandes, vom Wiederaufflammen faschistischer Parolen, von zahlreichen Opportunisten, die mit in den Westen geflüchtet waren. An diesem Abend aber, inmitten dieser Riesenmenge am Bahnhof Enge und während des Handgemenges am Bahnsteig, sah ich plötzlich Szenen vor mir, die man mir in meiner frühen Kindheit eindeutig beschrieben hatte: faschistische Mobs, die über einige wenige Juden herfielen, Bücherverbrennungen etc. All dies tauchte plötzlich wieder vor mir auf, und die Moskaureisenden schienen mir an irgendeinem Bahnhof in München oder Nürnberg der dreißiger Jahre anzukommen – der Mob wußte nicht recht was er tat, tat es dafür mit um so mehr Überzeugung. Dies sollte für mich der Anfang einer schweren inneren und politischen Krise werden, die sich über Jahre hinzog und in den 60er Jahren schließlich zum Marxismus führte – diesmal nicht in sentimental-emotionalem Engagement, sondern in langsamen Prozessen und Erkenntnissen, jedoch (so hoffe ich) ohne Verzicht auf kritische Auseinandersetzung. Nicht mehr massenhysterisch hingerissen, sondern innerlich zerrissen, wurde mir langsam die Bedeutung der Ungarn-Krise bewußt.

Nach der Lektüre der nachfolgenden Interviews ist mir noch einmal alles viel klarer geworden: Nicht erst die Ungarn-Krise und auch nicht etwa später der Einmarsch in der CSSR waren es, die den Anti-

Kommunismus in unserem Lande züchteten. Lange vor 1956, ja schon in den dreißiger Jahren, gab es in der deutschen Schweiz einen traditionellen Anti-Kommunismus, genährt durch jene Kreise, die, wenn nötig, nicht davor zurückschrecken faschistische Pogrom-Stimmungen zu schüren, wenn immer dies ihren Interessen förderlich ist. Der Kapitalismus tritt je nach Situation in ganz verschiedenen Aggregatszuständen auf: bald versöhnlich-taktierend, bald entrüstet-diskriminierend und und bald offen plump und grausam. Meistens kann er sich darauf beschränken, die Produktionskraft des Menschen auszubeuten, gelegentlich muß jedoch auch die wohlmeinende Entrüstung der Massen in die Ausbeutung miteinbezogen werden. Der zunehmende Besitz der Medien durch das Bürgertum garantiert jeweils auch eine ‹sinnvolle› Verteilung solcher Entrüstung: Chile findet durch Pinochet seine ‹gerechte Ordnung› wieder und die chilenischen Flüchtlinge sind für unser Land zu ‹gefährlich› – Ungarn jedoch kämpft für die ‹Freiheit der ganzen Welt› und tausende von Flüchtlingen finden ein verwöhnendes Asyl. Die NATO garantiert die ‹Freiheit unseres Landes›, der Warschau-Pakt ‹gefährdet› sie. Die UNO wird in Korea zur gerechten Streitmacht, heute wird sie von den ‹grotesken Forderungen› der Dritten Welt ‹mißbraucht›. Demonstrationen für die ‹Freiheit› werden im Jahre 1956 polizeilich geschützt und freisinnig geschürt – nach 1967 drohen sie unsere ‹freiheitlich-marktwirtschaftliche Ordnung› zu zerstören und werden mit Berufsverboten geahndet. Lehrer, Professoren und Studenten übernehmen 1956 ein politisches Mandat und werden zu Agitatoren, heute müssen sie sich davor fürchten, sich politisch nach links zu engagieren, oder auch nur kritische Bemerkungen zu äußern.

Beim Durchlesen der nachfolgenden Dokumente wird einem wahrhaftig Angst und Bange, nicht vor fremden Mächten, sondern vor jenen im eigenen Lande. Aber es sind nicht einfach die Schweizer, die versagt haben, sondern es sind die Kapitalisten, die sich ihrer bedienen. Dies ist für alle Sozialisten ein Grund, als Schweizer in der Schweiz und für die Schweiz zu arbeiten und nicht wie so oft beraten, nach Moskau oder sonst wohin zu ziehen. Unsere Berichte beweisen es: auch unter schwersten Repressionen sind Sozialisten sich und ihren Ideen treu geblieben, nie haben sie den Schweizer schlechthin für die Repression verantwortlich gemacht, sondern haben auch in schwerster Zeit mutige Beweise einer nicht zerbrechbaren Solidarität erfahren können. In und außerhalb der Parteien haben sie weitergearbeitet und auch bei aller Loyalität den Genossen gegenüber ihre Kritikfähigkeit und Wachsamkeit nicht eingebüßt. Dies zeigen z. B. auch jene Nummern des ‹Vorwärts› zur Zeit der Ungarn-Krise: der kritische Prozeß gegenüber der eigenen Bewegung hat stattgefunden, vorübergehend da und dort auch zu schweren Desorientierungen geführt («... wie wir uns nicht scheuen, mit aller Schärfe jene Fehler und Verbrechen zu verurteilen, die zu der ungarischen Tragödie, die uns alle erschüttert, geführt haben», Vorwärts vom 21. 11. 56). Man lasse sich aber nicht irreführen: die Tatsache allein, daß kritisiert wird, ersetzt eine wirkliche Kritik an den Tatsachen nicht, macht Fehler nicht ungeschehen. So hat die bürgerliche Presse den unglaublichen Watergate-Skandal mit all seinen schrecklichen Enthüllungen sehr rasch damit liquidiert, daß sie die Tatsache glorifizierte, wie frei man Watergate kritisieren konnte. Hinter der Freiheit der Kritik verschwand die Unfreiheit der Ereignisse allzu schnell und kann deshalb auch heute noch ungebrochen weiterwirken. Auch wir Kommunisten und Sozialisten verzichten nicht auf das Recht der Kritik unseren eigenen Genossen gegenüber. Aber wir bevorzugen es, den kritischen Prozeß in den eigenen Reihen aufrechtzuerhalten und ihn nicht nach außen zu zelebrieren und ihn als Tribut dem Bürgertum zum Fraße vorzuwerfen. Niemand in unseren Reihen behauptet, daß eine Idee oder eine Theorie jedes Unrecht verhüten kann und verhütet hat, und es gilt für alle, sich gegen Unrecht hinter den eigenen Linien zu wehren. Es sind dies oft schwierige Prozesse, die erst in ihrer geschichtlichen Dimension verstanden werden können, und die den eigenen Genossen oft auch das Ertragen von Widersprüchen abfordern. Als Richter werden aber nicht jene Moral-Pfaffen angerufen, die ständig alle möglichen Freiheiten proklamieren um sie gleichzeitig einzuschränken und damit ihre Profite und ihre Herrschaft zu sichern.

Was aber ist im Laufe der Jahre aus der damaligen ‹freiheitlichen Entrüstung› geworden? Die Kapitalisten haben ihre Boykott-Schwüre hundertmal gebrochen, als sich ihre Profit-Interessen auch ostwärts richteten. Die vielgepriesene ‹westliche Freiheit› hat grausamste Interventionen über sich ergehen lassen müssen, von Guatemala zum Libanon, von Vietnam zu Chile. Die heldenhaften Studenten wurden zu bourgeoisen Intellektuellen oder zu progressiven ‹Störefrieden›. Die lautstarken ‹Patrioten› haben auf der Suche nach Sündenböcken nach den Juden und Kommunisten schließlich ihre Fremdarbeiter gefunden und die großen abendländischen Warner sehen mit Entsetzen, wie die ‹primitiven Schwarzen› der Dritten Welt sich ins Weltgeschehen drängen.

Die Zerschlagung der kommunistischen Parteien ist trotz kaltem Kriegsgeschrei nicht gelungen und auch die schweizerische PdA hat trotz manch schwerem Aderlaß nichts an ihrer Existenzfähigkeit eingebüßt. Die Opfer waren groß und hier hat die hysterische Hetzjagd des Kapitals bis heute ihre Spuren hinterlassen: noch heute müssen Kommunisten, die von ihren demokratischen Rechten Gebrauch machen wollen um Stelle, Wohnung und Entfaltung fürchten. Noch heute ist der antikommunistische Kurs in den Gewerkschaften und Teilen der Sozialdemokratie nicht überwunden. Viele Kommunisten haben jedoch damals und heute dem Druck der massivsten Repressionen standgehalten, andere blieben angstvoll und wenigstens innerlich solidarisch und nur wenige sind zum Gegner übergelaufen und in ihrer Karriere auch entsprechend honoriert worden.

Was bleibt und immer noch zu fürchten ist, ist ein latentes, faschistoides Potential, das jederzeit wieder mobilisiert werden kann, wenn immer sich das Kapital und seine Interessen bedroht fühlen und wo immer eine an sich starke Sozialdemokratie sich nach rechts zu legitimieren sucht. Die einschlägige Presse steht auch heute zur Stimmungsmache bereit und bereits werden die Massenmedien unter enormem Druck nach rechts gerissen. Für uns bleibt die langwierige und schwierige Arbeit, die nicht auf ein demokratisches Instrumentarium verzichten will und kann und der enorme Hindernisse entgegenstehen, solange es uns nicht gelingt, in unserem Lande die Solidarität der Werktätigen und Lohnabhängigen zur politischen Selbstverständlichkeit zu machen.

Dieser schwierigen Arbeit sind die nachfolgend interviewten Männer und Frauen verpflichtet geblieben, trotz gelegentlicher Zweifel, trotz oft quälender Wiedersprüche und trotz schwerster Bedrohungen durch ihre aufgeputschten Mitbürger. Trotz ihres kollektiven Denkens und Handelns haben sie an individueller Erlebnis- und Kritik-Fähigkeit nicht eingebüßt, die Frauen oft näher an der Realität des Alltags als die Männer, die Werktätigen oft sicherer und unerschütterlicher als die Intellektuellen. Ihr Demokratie-Verständnis geht aus der Geschichte der Arbeiterbewegung hervor und unterscheidet sich von jenem des Bürgertums in Theorie und Praxis, in Zeiten der Bedrohung und des Erfolges.

Berthold Rothschild

Vorwort

Es handelt sich bei den folgenden Gesprächen nicht um Interviews, eher um Erzählungen. Die Betroffenen beantworten keine Fragen, sie erzählen eine Geschichte. Der Fragesteller hat nur etwas ausgelöst, was nachher (fast) ohne sein Hinzutun seinen Lauf nahm.

Das Ganze hatte vor einiger Zeit mit einem langen, auf Tonband aufgenommenen, Gespräch mit Martha Farner begonnen. Später kamen die weiteren vom Limmat Verlag vorgeschlagenen Betroffenen hinzu.

Die Erzählungen wurden wörtlich, unter Beibehaltung der schweizerdeutschen Diktion und der Spontaneität der freien Rede, ins Schriftdeutsche übertragen.

Bei der Auswahl der an diesem Buch Beteiligten sind wir zuerst einmal von den einzelnen «Fällen» ausgegangen. Es trifft sich, daß bestimmte Genossen der ganzen Sache mehr ausgesetzt waren als andere. Dem Bürgertum ging es ja darum, in seinem Unternehmen eine Partei zu liquidieren, die «Köpfe abzuschneiden». Daß die Ereignisse im 56 sich auch auf die Basis ausgewirkt haben, zeigen die Gespräche mit den Militanten, die hier stellvertretend sind für viele andere.

Man hätte auch Leute von der andern Seite ausfragen, sie in die Enge treiben, es ihnen zurückbezahlen, auf sie spucken können; aber ich denke, daß die Erzählungen der Betroffenen genügend Schatten auf die Manipulatoren werfen, die im übrigen selber manipuliert waren, da sie ja auch nur die Interessen ihrer Klasse vertraten.

Während ursprünglich im Gespräch mit Martha Farner das persönliche Schicksal im Mittelpunkt stand – diese scheinbar unaufhaltsame Logik der Unterdrückung und der Verfolgung einer Familie – trat bei den anderen Erzählungen vermehrt das Problem der Partei in den Vordergrund.

Es stellte sich immer mehr die Frage: Aus was für Menschen war diese Partei zusammengesetzt? Wie haben sie auf die Ereignisse und den Druck reagiert? Wer hat durchgehalten und wer nicht, und wieso?

Dieses Buch ist aber, wie mir scheint, obwohl parteilich, nicht das Buch einer Partei. Ich denke, daß jeder hier nur für das verantwortlich ist, was er selber sagt.

Die Genossen reden, jeder auf seine Art, von der Schwierigkeit Kommunist zu sein, in diesem Lande.

Die einzige Ausnahme ist hier Helene Fausch-Bossert, die ihre Verfolgung eher wie einen bösen Traum erlebt hat und nicht von der Bewegung aus spricht.

Was die Ereignisse in Ungarn betrifft, glaube ich nicht, daß man diese mit den «Fehlern» einzelner Parteisekretäre erklären kann. Ich glaube nicht, daß es heute möglich ist, das Problem einer kommunistischen Partei und des Aufbaus des Sozialismus zu stellen, ohne von den chinesischen Erfahrungen zu lernen, ohne vor allem zu verstehen, was während der proletarischen Kulturrevolution wirklich passiert ist. Das ist meine persönliche Meinung, die von den meisten der hier im Buch versammelten älteren Genossen nicht geteilt wird. Da ich meine Arbeit gemacht habe wie jemand, der einen Auftrag erhalten hat, wollte ich dies noch sagen, ohne Anmaßung und im Bewußtsein, daß für diejenigen, die über die Oktoberrevolution zur Bewegung gestoßen sind und die in den dreißiger Jahren den Kampf gegen den Faschismus erlebt haben, die Dinge anders aussehen, und daß es für sie schwieriger ist, heute eine objektiv neue historische Erfahrung zu machen. Heute muß man sehen, daß sich das Regime in der Sowjetunion nach innen und nach außen grundsätzlich geändert hat und eine Bedrohung darstellt, nicht nur für China, sondern – wie der Einmarsch in die Tschechoslowakei gezeigt hat – auch für andere Länder.

Im übrigen denke ich, ist dieses Buch als ein neues Kapitel im großen Lesebuch der schweizerischen Arbeiterbewegung zu verstehen, an dem der Limmat Verlag und andere Genossen seit einigen Jahren arbeiten. Für diejenigen, die sich wie ich seit 1968 zur Linken zählen und seit da definitiv auf der andern Seite stehen – wenn auch in einem luftleeren Raum – könnten diese Erzählungen zur Festigung ihres neuen Bewußtseins beitragen.

Für die Älteren wird dieses Buch vielleicht nur eine Bestätigung sein von dem, was sie schon wissen, aber gesehen mit einem neuen Blick. Den neutralen Dritten schließlich, den Neugierigen und den Interessierten – die auf die Bewegung von außen blicken – könnte es zeigen, daß diese Bewegung eine eigene Geschichte hat und eine eigene Sprache.

Richard Dindo

«Ich war von mir aus wahnsinnig entsetzt, daß man Schweizer im eigenen Land so verfolgt...»

Martha Farner, Handweberin, geboren 1903:

Am 16. November 1956 mußte ich zum Arzt nach Zürich. Ich nahm den Nachmittagszug, und oben bei der Post begegnete ich dem Briefträger. Ich sagte, er solle mir gleich die Zeitung geben, dann habe ich etwas zum Lesen im Wartezimmer. Ich mußte beim Doktor aber nicht warten, so daß ich nicht dazu kam die Zeitung zu lesen. Ich machte dann noch einige Kommissionen und kam nach Hause, immer noch mit der Zeitung in der Tasche. Beim Heimfahren von der Stadt hatte ich keinen Platz im Zug und stand neben einer Gruppe von Studenten, die hektisch diskutierten, ich möchte sagen grausam, es hat mich geradezu gefroren denen zuzuhören. Ich wußte nicht um was es ging. Ich merkte nur, daß es antikommunistisch war. Ich war dann froh, daß ich bald aussteigen konnte. Und wie ich zu Hause war, läutet's, ein Klassenkamerad meiner Tochter, der mit mir reden wollte. Wir gingen ins Gartenzimmer, da sagte er: «Heute Nacht passiert etwas. Ich habe gehört, daß man ihnen das Haus stürmen will.» Unterdessen hat mein Mann die Zeitung gelesen und kommt herein und sagt: «Hast du das gesehen?»

An diesem Tag hatte ein Dachdecker bei der Nachbarin das Dach repariert und fiel in den Garten hinunter, und das hat mein Mann zufällig gesehen. Er stand draußen und wollte dem Mann helfen, ihn richtig hinlegen, er war verletzt, und wie mein Mann in den Nachbargarten geht, hat die Nachbarin zu lärmen begonnen als käme der leibhaftige Teufel. «Gehen sie fort und rühren sie diesen Mann nicht an. Sie dürfen überhaupt nicht in meinem Garten stehen!» Und Koni war ganz perplex, er wußte doch gar nicht was los war, er hatte ja die Zeitung noch nicht gelesen.

Ich schaute also die Zeitung an und sah dieses Inserat, da ging mir wirklich ein Schreck den Rücken hinunter. Erstens waren wir erst seit einem halben Jahr hier in Thalwil. Zweitens kannte uns ja überhaupt niemand. In diesem Inserat appellierte man also an die Bevölkerung. Der Titel heißt «An die Frauen und Männer von Thalwil» und man hetzt darin gegen Konrad Farner, der die kommunistische Herrschaft in der Schweiz errichten wolle. Ich weiß nicht mehr ganz genau was alles drin stand. Ich sagte mir immer: das ist ja unmöglich, es kennt uns ja gar niemand. Trotzdem habe ich gesehen, wie man eine Bevölkerung aufwiegeln kann, ohne daß diese eigentlich etwas von einer Sache weiß.

Nachdem ich die Zeitungen gelesen hatte, wurde ich aktiv. Ich sagte mir, wir müssen das große Fenster verbarrikadieren, den Laden schließen. Wir glaubten, daß wirklich etwas passieren würde. Zwischen Fenster und Gitter stopften wir hinein, was wir gerade fanden: Kisten, Deckel, Stroh und Vorhangstoff. Es hat ausgesehen wie in einem Zigeunerwagen. Und dann hatte ich etwas vorgekocht, aber es aß niemand, und dann gegen 19.00 Uhr begann die Hausglocke furchtbar zu läuten, und das hörte nicht mehr auf bis ich die Glocke verstopfen ging. Ich brachte die Kinder ins Bett, und in der Webstube schauten wir durch die Läden auf die Straße. Es hatte einen Haufen Leute da, sie waren von unten die Mühlebachstraße hinaufgekommen und vom Alemannenweg, und ich sah, wie sie die Straße vermalten mit Schifflilack, riesige Pfeile und gerade vor der Haustür mit großen Buchstaben «Kreml»! Bekanntlich kann man ja den Schifflilack nicht mehr ausmachen, das sah man noch nach zwei Jahren. Ich redete den Kindern zu und gab ihnen ein Beruhigungsmittel, was natürlich nichts nützte. Sie sagten zwar nichts, aber sie haben doch alles gehört. Die Leute draußen lärmten: «Hängt ihn! Hängt ihn!» Ich hatte Angst, daß sie die Türe eindrücken würden. Das Haus war jetzt stockdunkel, alle Läden zu. Es war keine lustige Atmosphäre. Koni stand bei der Haustür unten, und ich ging von den Kindern zur Türe und von der Türe zu den Kindern. Sie schliefen noch nicht. Ich schaute durch einen kleinen Jalousieladen hinaus auf die Straße und sah eine große Menge von Köpfen, vom Lindenbaum bis zum zweiten Nachbarhaus hinunter. Ein Auto kam die Mühlebachstraße hinaufgefahren, blieb stehen und beleuchtete mit den Scheinwerfern das Haus und die Straße, dadurch war alles beleuchtet. Der Fahrer war übrigens ein Oberst, der jetzt nicht mehr hier wohnt. Die Straßenbeleuchtung selber war abgeschaltet, dabei ist es eine Kantonsstraße. Später hat man dann sogar noch die Feuerwehr aufgeboten. Unser Haus war ja das zweite von vier angebauten Häusern, und hintendrein habe ich auch vernommen, daß Genossen draußen standen, aber die konnten natürlich nichts machen unter so vielen Leuten. Ein Polizist kam in unser Haus und postierte sich hinter die Tür. Ich sagte ihm, er solle doch draußen vor der Tür stehen. Da hat er mir zur Antwort gegeben, das könne man jetzt nicht, er gehe dann schon, wenn es an der Zeit sei, aber er ging dann erst als die Tür schon aufgeknackst war. Erst als die dicke, alte Eichentür kaputt war, hat die Polizei Einhalt geboten. Als ich merkte, daß die Tür immer mehr nachgab, kam mir in den Sinn, daß wir im Keller unten Balken hatten. Ich ging sofort in den Keller und nahm drei Balken, ungefähr nach Augenmaß und stemmte die gegen die Tür. Zwischendurch ging ich wieder ins Kinderzimmer. Die Kinder schliefen immer noch nicht, aber sie waren still.
Der Polizist konnte natürlich nicht mehr hinaus, wegen den Balken,

er mußte dann via Garten fort. Die Leute standen noch bis gegen Mitternacht herum, dann gab es langsam Ruhe. Während dem ganzen Abend stand Koni meistens neben der Tür, aber zwischendurch trug er Sachen vom Parterre in den 1. Stock, Bilder und was wir da so aufgehängt hatten, im Falle, daß diese Leute in die Wohnung eindringen würden. Ich mußte dann wieder lachen, wie er da so mit der Ware die Treppe hinauf ging. Irgendwie war ich wahnsinnig ruhig, die Reaktion kam erst nachher, als alles wieder still war. Wir waren nur scheinbar ruhig, in Wirklichkeit waren wir natürlich nicht ruhig. Man konnte ja nicht wissen wie es herauskommen würde, man mußte einfach den Morgen abwarten. Ich hatte den Eindruck, daß Koni erschreckt war, und zwar war das eine große Diskrepanz innerhalb von ein paar Tagen, denn er war gerade aus Berlin heimgekommen, wo er die Abdankungsrede für Bert Brecht[1] gehalten hatte. Helene Weigel[2] hatte ihm sogar die Totenmaske gegeben. Als er dann in der Heimat dies erleben mußte, war das natürlich für ihn nicht leicht.

Die Zeitungen waren in diesen Tagen voll von diesem ungarischen Aufstand. Vielen PdA-Mitgliedern wurde die Stelle gekündigt, von einer Stunde auf die andere mußten sie fort. Es hatte eine PdA-Sitzung gegeben an die auch mein Mann ging, und dort hatte er die Genossen aufgerufen durchzuhalten. Darauf hat die Neue Zürcher Zeitung am nächsten Tag, also am 13. November, eine kurze Mitteilung gemacht, das muß man dann genau nachlesen was dort drin stand, daß Dr. Konrad Farner nicht mehr in Zürich, sondern in Thalwil, an der Mühlebachstraße 11 wohne und: man solle sich an ihn wenden ... Ich weiß nicht mehr, ob das im Mittag- oder Abendblatt war, aber von diesem Augenblick an läutete bei uns unaufhörlich das Telefon. Die unglaublichsten Leute riefen an und sagten böse Dinge, sogar vermeintlich gute Bekannte. Anfänglich nahmen die Kinder das Telefon ab, ich war ja in der Stadt.

Wir hatten natürlich über diese Ungarnsache diskutiert. Koni glaubte, daß es daraus einen Weltkrieg geben könnte. In diesem Sinne hat er die Sache gesehen. Er war natürlich nicht erfreut über die ganze Geschichte. Ich selber war entsetzt, daß eigene Leute ein gleichdenkendes Land überfallen, aber ich kam gar nicht zum Denken, ich mußte jetzt handeln, im Haus, für die Kinder, ich wußte nicht, wie das alles herauskommen würde. Ich merkte einfach, daß wir nicht mehr hierbleiben konnten, und das hat sich dann auch so erwiesen. Was die Neue Zürcher Zeitung Koni eigentlich angekreidet hat, war, daß er

1 Bertolt Brecht, Deutscher Dramatiker. Vor der Rückkehr nach Berlin 1947 Emigrant in den USA. Vorher und nach 1945 in Zürich.
2 Helene Weigel, Schauspielerin, nach 1948 Intendantin des Brecht-Theaters in Berlin, DDR. Frau von Bertolt Brecht.

den Genossen Mut machen wollte. Wahrscheinlich haben die das auch falsch verstanden oder sie wollten einfach die Gelegenheit ausnützen. Koni hat den Einmarsch der Russen ja nicht bejaht, aber es ging ihm um den Kampf gegen den Kapitalismus, und man merkte rasch, daß in Ungarn fremde Mächte arbeiteten... Ich hatte meinem Mann noch gesagt: geh nicht an diese Versammlung. Als seine Frau hatte ich einfach Angst, daß man ihn überfallen würde, wenn er mit dem letzten Zug nach Hause kommt. Da hat er gesagt: «Jetzt muß ich erst recht gehen, wenn ich nie gegangen wäre, so würde ich heute gehen.» Er war auch sicher, daß er noch viele Genossen überreden könnte, auszuhalten.

Als es nach Mitternacht endlich ruhiger wurde ums Haus, begann ich langsam die Reaktion zu spüren, die Knie zitterten. Die Kinder schliefen, und wir gingen dann auch ins Bett. Zu meiner großen Überraschung hat Koni sofort geschlafen. Ich lag im Bett und überlegte mir, daß man da doch etwas unternehmen müsse. Ich stand wieder auf und begann herumzutelefonieren. Zuerst meinen Schwestern und nachher einem Gewerkschaftssekretär. Es ging nicht lange und er rief mir zurück und sagte, ich müsse keine Angst haben, nach schweizerischem Gesetz dürfe man niemanden aus seinem Haus und aus dem Land verstoßen. Das war mir aber kein Trost. Ich sah vor mir die kaputte Tür, und ich konnte dann eigentlich nicht mehr einschlafen. Dann telefonierte ich noch nach Basel, unseren lieben Freunden, und sie haben sofort gesagt, wir kommen die Kinder morgen holen. Die Kinder konnten hier doch nicht mehr leben. In den Zeitungen stand ja, daß man uns in keinem Laden bedienen werde. Sie hätten auch unmöglich nach diesem Inserat in die Schule gehen können. Allgemein war man der Auffassung, daß die Kinder weg mußten, und auch wir hätten hier nicht mehr existieren können. Am andern Morgen hat sich Jean Villain (Marcel Brun) gemeldet und immer wieder läutete das Telefon. Ich dachte jedesmal, das ist vielleicht irgend jemand, der uns helfen will, aber es waren meistens böse Worte: «Verrecket!» oder «Am besten wär's, ihr ginget nach Sibirien!» und alles so schreckliche Sachen. Um 9 Uhr war Jean Villain[1] bereits da, er hatte unterhalb des Hauses parkiert. Wir trugen die Koffer hinunter. Ich packte so viel wie möglich ein. Wir wußten ja nicht, wohin wir gehen würden und wie lange. Unterdessen hatte ich noch dem Bodenleger telefoniert, ob er uns eine Einrichtung machen würde, damit wir das Haus abschließen können. Er hat gesagt: «Sie waren immer gute und rechte Arbeitgeber, aber ich kann das nicht machen, ohne vorher die Gemeinde anzufragen, sonst leidet mein Geschäft darunter.» Die Gewerbler hatten nämlich eine Liste herausgegeben, und unterschrieben, daß sie uns nicht mehr bedie-

---

[1] Jean Villain, (Marcel Brun), Schriftsteller und Journalist aus Zürich. Lebt in Berlin, DDR.

nen werden, und da wollte er einfach mindestens einen polizeilichen Schutz. Er kam dann kurz bevor wir weggingen und vernagelte die Gartentüre mit Leisten.

Später erfuhr ich noch, daß an dieser Versammlung der Gewerbler, an der sie unseren Fall behandelten, der Milchmann gesagt habe: «Ich bringe dieser Familie die Milch trotzdem, diese Frau war immer gut zu mir.» Das war ein ganz lieber Mann. Er hat gehunken, ich hörte ihn manchmal schon morgens um 5 Uhr kommen, mit seinem schlirpenden Schritt, und im Winter, wenn es sehr kalt war, stellte ich ihm manchmal ein Glas Kräutertee hinaus. Das hat mich dann gefreut, daß er uns trotzdem die Milch bringen wollte, trotz dem Verbot. Er lüpft heute noch seine Mütze, wenn er mich sieht. Er arbeitet jetzt in einem Blumenladen. Als er seinen Milchladen aufgab, schrieb ich ihm ein Dankesbrieflein und er hat mir eine herzige Antwort geschrieben, voll Fehler, aber so lieb...

Weil wir noch nicht lange in diesem Haus wohnten, kannten wir noch nicht alles. Wir mußten zum Beispiel im ganzen Haus das Wasser abstellen und hatten gar keine Ahnung, wo der Haupthebel war, und so habe ich dem Schlosser telefoniert, der uns schon die Küche umgebaut hatte, ein sehr netter Mensch und da hat er gesagt: «Frau Farner, ich komme, aber erst in der Nacht, warten sie mir an der Tür...» Damals wußte ich es noch nicht, aber später kam aus, daß unser Haus ständig bewacht und das Telefon abgehört wurde. Im Nachbarhaus war im Giebel oben ein Guckfenster und alles was bei uns passierte wurde dort oben registriert. Sie wußten immer, wer bei uns ein und aus ging. Gut, der Schlosser ist gekommen. Ich habe ihm die Tür geöffnet, und da hat er gesagt: «Sehen sie, Frau Farner, ich komme nur ihnen zulieb, sie tun mir furchtbar leid. Man hat mich schon gewarnt, als ich die Arbeit annahm für den Umbau in der Küche. Man hat mir gesagt, du arbeitest für einen Kommunisten...» Ich hab ihn dann gefragt, warum er es trotzdem gemacht habe, aber er hat mir keine Antwort gegeben.

Wir mußten dann beim Weggehen durch den Garten der Nachbarin, eine alte Frau, zwanzig Jahre älter als ich. Sie hat mich weinend an sich gedrückt und ich habe sie gefragt, ob wir durch ihren Garten dürfen. Und schon standen Leute, die Maulaffen feil hielten, an ihrem Gartentor. Später hat man mir gesagt, daß einer ein Gewehr bei sich hatte. Es waren halt einfach aufgehetzte Leute, die übrigens gar nicht wußten, um was es ging. Durch die Zeitungen waren einfach alle aufgewühlt.

Marcel's Auto war also unterhalb des Hauses parkiert. Ich erinnere mich nicht genau, was wir dachten und fühlten, als wir zum Auto marschierten. Es hatte da die Leute, die uns angafften, wie wenn sie im zoologischen Garten wären und uns Wörter nachriefen, aber Angst hatte ich eigentlich keine. Auch was die Kinder empfanden weiß ich eigentlich heute noch nicht, sie waren natürlich bleich, du kannst dir das ja vorstellen, wenn die Kinder so aus dem Elternhaus müssen. Wir hätten ihnen genau erklären sollen, warum es so gekommen ist, aber ich kam einfach nicht dazu, es ist alles so auf mich eingefallen: die Türen versperren, packen, abschließen. Ich kam einfach nicht dazu. Vielleicht hätte es ihnen Koni sagen sollen, ich weiß nicht. Es ist interessant, in gewissen Situationen ist der Schweizer «maullos»... Zum Beispiel als mein erster Mann starb, kam in der ersten Nacht meine Mutter zu mir und schlief im gleichen Bett wie ich. Sie wollte mich trösten, aber sie sagte kein Wort. Wir hörten uns gegenseitig atmen... und so war es anno 56, wir haben nie miteinander geredet. Aber wenn andere Leute da waren hat Koni diskutiert, da konnte er sich aussprechen, sich auslassen und ich habe immer alles in mich hineinwürgen müssen. Wir konnten nie miteinander reden...

Wir fuhren dann in Marcel's Auto die Mühlebachstraße hinunter, und nach der Schifflända hat sich bereits ein Rad gelöst. Alle Schrauben waren aufgedreht worden. Ich in meiner inneren Aufregung hatte das gar nicht bemerkt, aber als Marcel anfing zu fluchen, habe ich es dann auch gesehen. Wir wären um's Harr verunglückt. Wir schraubten das Rad wieder an und fuhren nach Zürich, in Marcel's Wohnung, und dort warteten bereits die Freunde aus Basel und nahmen die Kinder in Empfang. Die Männer begannen dann zu politisieren und ich überlegte mir, wie es jetzt weiter gehen solle. Wir lebten dann eine Woche an der Aufdermauerstraße. In dieser Woche kamen viele Besucher, auch Intellektuelle, die sich sehr interessierten was Koni über die Situation in Ungarn zu sagen hatte. Es gab jeden Abend lange Diskussionen. Es war eine unsichere Stimmung bei den Leuten. Sie wußten gar nicht, was sie denken sollten, und im Grunde genommen sind sie alle gekommen, weil sie wissen wollten was Koni zu sagen hatte, was er dazu meine. Es hatte auch Ausländer dabei, ich weiß die Namen nicht mehr. Koni hat einfach gesagt, daß man mehr denn je zusammenhalten und kämpfen müsse. Er hat auch erklärt, daß das internationale Großkapital, die Amerikaner vor allem, die Hände drin hätten, die hier Stunk machen wollten. Aber dort haben die Russen dann eigentlich den ersten Fehler gemacht, da komme ich jetzt drauf, während ich das erzähle. Sie hätten das ganz anders machen sollen. Das war doch für viele Genossen ein entsetzlicher Schreck zu sehen, daß sie von den eigenen Genossen überfallen worden waren. Stell dir das einmal vor, du kämest mit einer Waffe und würdest mich abschießen! Ich kann das alles nur nicht in der marxistischen Sprache sagen. Koni würde dir das in zwei, drei Sätzen erklären und klar abtun...

Zwischendurch ging ich einmal die Kinder besuchen, und dann kam ein Telefon von einer lieben Bekannten aus Basel und sagte: «Rinette», sie sagte mir Rinette, weil ich noch Katherina heiße, «Rinette, ich suche dich überall, ich habe Angst um euch, geh du mit den Kindern nach Ascona, toi et les enfants, mein Haus ist leer» und das Haus hieß «Casa del Settimo Cielo», sie war immer eine lustige gewesen; das Häuschen im «siebten Himmel», sie war damals gerade in einen Preisboxer verliebt... Darauf habe ich das vororganisiert, und wir rüsteten uns für die Reise nach Ascona. Ich holte die Kinder auf dem Hauptbahnhof Zürich ab, dann kam auch Koni, und wir stiegen in den Zug. Wir fuhren also mit einem ziemlich späten Morgenzug von Zürich ab nach Ascona. Der Zug hielt in Schwyz, schon in Goldau sahen wir die verschneiten Mythen, das ist ja meine Heimat. Ich war eigentlich sehr traurig, daß ich unter solchen Umständen an meiner Landschaft vorbei fahren mußte. Der Zug hielt also in Schwyz an und dort sah ich meine Schwester stehen, wortlos hat sie uns mit den Armen so wie umfangen, und der Zug fuhr wieder ab, wir winkten und ich sah noch, wie sie sich mit dem Taschentuch über's Gesicht fuhr. Wir gaben den Kindern Brötchen zum essen und kamen gegen den Urnersee, das ist Koni's liebster Landesteil, er schreibt ja in einer Arbeit: «Wenn ich Patriot bin, so bin ich's am Urnersee...» Die Kinder aßen also die Brötchen, die ihnen die Bekannte aus Basel mitgegeben hatte, an das hätte ich gar nicht gedacht, wir hatten ja fast kein Geld. Ich versuchte dann immer wieder mit ihnen zu reden, aber wir fanden keine Worte, sie antworteten nur mit ja und nein. Ich probierte es ihnen möglichst zu erleichtern, aber Koni konnte man nicht aus dem Busch klopfen, er sagte nichts, und so ist es mir dann verleidet. Bei diesem «Auszug aus der Heimat» dachte ich noch an meinen Großvater, der oft über den Gotthard gereist war. Recht müde kamen wir dann in Ascona an und begannen uns dort einzurichten.

Ich hatte meinen Schwestern mitgeteilt, daß wir nach Ascona gehen werden und als ich einige Tage vor der Abreise noch einmal nach Thalwil zurück mußte, ich hatte einige Sachen vergessen, das Schulmaterial für die Kinder zum Beispiel, ich wußte ja nicht wie lange wir fort müssen, da haben meine Schwestern gesagt, wir lassen dich nicht allein nach Thalwil, wir kommen mit. Die jüngste Schwester war zuerst da und nachher kam die ältere von Schwyz. Sie kam die Treppe herauf und sagte, sie hat manchmal so Ausdrücke: «Ich komme nicht wegen der Politik, mich treibt das gleiche Blut...» Wir haben dann noch ziemlich lange in diesem kalten Haus gearbeitet, wir mußten doch noch aufräumen, und dann telefonierte ich M. J., das war die erste Schreinermeisterin, die es in der Schweiz gegeben hat, ob sie mir die Haustüre notdürftig flicken könnte. Sie kam sofort und hat gesagt: «Lang wird das nicht halten, ich mache was ich kann.» Aber es hat bis heute gehalten. Als die Tür fertig repariert war, sagte meine ältere Schwester: «Wir nehmen den Taxi». Der Schreinermeisterin wollte sie 50 Franken geben geben für die Reparatur, da hat sie zur Antwort bekommen: «Ich will kein Geld, das habe ich nicht für Farner's gemacht, sondern für die Sache!» Das hat meine Schwester sehr beeindruckt...

Alle Zeitungen haben damals unsere Geschichte kolportiert, jedes Stinkheftli und Ziitigli, so auch die Zürichseezeitung. Ich muß wirklich sagen, ohne die Hilfe meiner Schwestern wäre es auf keine Art und Weise gegangen. Sie haben mich unterstützt, wo sie nur konnten, als Schwestern, im Gegensatz zum Bruder, ein Liberaler, der im Rotaryclub war, Friedensrichter und Gemeindepräsident, der konnte sich das nicht gestatten. Er hat natürlich einen lieben Brief geschrieben und bedauert, daß ich einen solchen Schrecken durchleben müsse, aber helfen könne er mir nicht. Er schrieb: «Du tust mir furchtbar leid, wenn ich dir nur helfen könnte...» Hilfe an uns konnte er sich schon politisch gar nicht leisten, man griff ihn ja kolossal an. In letzter Minute konnte er noch einen Hetzartikel gegen uns im «Boten der Urschweiz» verhindern. Ich weiß nicht, was er machen mußte, damit das nicht abgedruckt wurde, wahrscheinlich durch seine politischen Beziehungen und so ist dieser Artikel denn zu seiner großen Erleichterung nicht erschienen. Dort in Schwyz hat man mir schon gesagt, ich sei eine Landesverräterin als ich Koni kennenlernte, und die Person, die mir das gesagt hat, sagte noch: «Ich habe meine politische Einstellung noch nie geändert und du gehst von der obersten Schicht in die unterste und gehst mit einem Kommunisten...» Ihr Jungen habt ja keine Ahnung wie diese Oberschicht denkt über uns. Die Reichen, wenn wir einmal sagen wollen diese «Zürichbergleute», was die sich vorstellen, die würden uns am liebsten verbrennen, wenn sie könnten... Ein kleines Beispiel: 1950 starb meine Mutter, und Koni kam an die Beerdigung. Ich wohnte damals mit den Kindern in Schwyz, weil wir in Zürich keine Wohnung gefunden hatten. Da wurde kombiniert, daß Koni mit einem Auto in den Maihof fahren kann und zwar mit einer Bekannten, einer Freundin meiner älteren Schwester, und diese Bekannte hat nachher gesagt: «Der Herr Farner ist ja gar kein Kommunist, er hat ja Bügelfalten und ist rasiert, hat geschnittene Haare und redet ja nur gescheit...!» Dort habe ich erst gemerkt, daß es zwischen diesen Leuten und uns einen krassen Unterschied gibt. Ich hatte vorher immer geglaubt, daß man auch Leute wie wir, Kommunisten, irgendwie akzeptieren würde. Damals gab es ja noch kein Ungarn, aber für diese Leute waren die Kommunisten einfach die leibhaftigen Teufel. Diese Frau hatte keine Kinder. Sie war in allen Arten von gemeinnützigen Vereinen, aber ein Kommunist, das war für sie das allerletzte. Früher einmal, während dem Hitlerkrieg hat eine Gruppe von Schweizer Offizieren, natürlich auch aus der Oberschicht, bei uns in Schwyz Kaffee getrunken, da hat einer von denen gesagt: «Man darf es ja fast nicht sagen, aber man müßte es begrüßen, wenn Hitler bei uns einmarschieren würde...!»

Wir begannen uns also in Ascona einzuhausen. Eines Morgens rief uns ein Arbeiter an und sagte, daß an den Telefonstangen Plakate hängen, mit einer Foto von Koni, das heißt eigentlich waren es zwei, eine mit Schnauz und eine ohne, bei der zweiten mit einem weißen Band über den Mund. Wir gingen dann diese Plakate abreißen und als wir so an der Arbeit waren sagte mir Koni: «Das ist doch meine Paßfoto, die gibt es höchstens noch bei der Polizei». Wir fragten uns, wie die Leute zu dieser Foto gekommen sind...

Am Samstag über's Wochenende kam Paulette. Als sie Koni sah, merkte ich, wie sie innerlich erschrak, aber sie sagte nichts. Sie ist ja eine sehr gescheite Frau, und sie hat genau gewußt, daß sie auch betroffen wird durch die Anwesenheit von Konrad Farner persönlich. Sie hatte Angst. Sie hatte die Hauptvertretung für Tricot's in der Westschweiz, und sofort hat sie gedacht, das kommt krumm heraus, und es ist auch so herausgekommen, man hat sie attackiert, und sie hat viel Unangenehmes durchmachen müssen, denn wie gesagt, diese Aktion «Frei sein», die den ganzen Rummel gegen uns organisierte, hat ihren Kampf in Ascona weitergetrieben. Ein reicher Thalwiler besaß in Ascona ein Haus. Einmal, als Koni auf der Piazza spazierte, hat man ihm Sachen nachgerufen. Später machten sie dann dieses Plakat auf, ein abscheuliches Plakat, das gleiche wie in der deutschen Schweiz, aber auf italienisch übersetzt. Das macht man doch eigentlich nur, wenn man einen Mörder sucht. Aber das Plakat hing nicht lange. Der Verkehrsverein von Ascona hat es mit Hilfe der Polizei selber wegmachen lassen. Sie hatten Angst, daß es die Touristen abschrecken könnte. Sie haben uns später dann auch gesagt, sie könnten solche Sachen nicht mitmachen, Ascona sei ein Fremdenkurort... Übrigens waren alle Inserate und Plakate tadellos gesetzt, von einem ehemaligen Schüler von Koni, aus einem marxistischen Schulungskurs.

Kurz vor Weihnachten konnten wir dann in ein anderes Haus ziehen, es war mir nicht mehr wohl am alten Ort. Ich möchte jetzt eigentlich etwa Innerschweizerisches, nicht gerade schönes sagen: mich hat's gebrennt unter dem Hintern in der «Casa del Settimo Cielo», weil ich wußte, daß Paulette Unannehmlichkeiten hatte. An einem Sonntag kam eine fremde Frau ins Haus und sagte: «Ich komme gerade von einer Predigt, der Herr Pfarrer hat so schön geredet und an die Mitmenschlichkeit appelliert.» Ich weiß nicht genau was der Pfarrer gesagt hat, aber auf jeden Fall hat er an die Kirchengänger appelliert, man müsse den Verfolgten helfen und hat auch die Verfolgung von Kommunisten in der deutschen Schweiz gestreift. Die Tessiner haben das ja überhaupt nicht gemacht. Ich weiß nicht, ob er unseren Namen erwähnt hat, aber er soll gesagt haben, daß bei uns Schweizer aus ihrer eigenen Heimat ins Tessin flüchten mußten. Die Frau hat uns also ein Haus zum wohnen offeriert, das ihrem Sohn gehörte, für 60–70 Franken im Monat. Wir haben das mit Freuden akzeptiert, nur schon um Paulette zu entlasten, und am nächsten Tag haben wir unser Hab und Gut mit einem Handkarren in die neue Wohnung gebracht. Es war ein sehr wohnliches Ferienhäuschen mit Veranda, Bad und Küche. Am Abend läutete die Hausglocke und draußen stand eine sehr elegante Dame und sagte: «Ich stelle mich vor. Ich wohne hier und möchte ihnen gerne helfen.» Das war eine Berlinerin. Ich lehnte natürlich dankend ab, weil ich aus Erfahrung wußte, es wird so oder so auskommen wer wir sind und nachher kommt die Kehrseite. Ich redete dann mit der Schulbehörde, die Kinder durften dann in die Schule, obwohl sie kein Italienisch verstanden, sie brachten dafür schöne Zeichnungen nach Hause, die Lehrer waren nett. Nachdem dann dieses Plakat aufgemacht worden war, hat diese Nachbarin, diese Berlinerin, sofort gewußt wer wir sind und ging zur Besitzerin der Häuser furchtbar reklamieren, daß sie Kommunisten aufnehme. Wir haben damals aber auch schöne Dinge erlebt. Wir erhielten von den Freunden regelmäßig Pakete, wir hatten im Monat etwa 600 Franken zur Verfügung, Geld, das mit Schokoladen oder kleinen Beigaben für die Kinder geschickt worden war. Das hat uns kolossal getröstet, ich hatte nicht mehr das Gefühl allein zu sein. Zurückgeschaut, heute, das habe ich mir schon oft überlegt, ich glaube, Koni hatte halt doch einen großen Schrecken, er mußte das alles zuerst einmal verarbeiten, er hat es nicht gezeigt nach außen, er war nur «maullos» wie wir sagten, er stand meistens am Fenster und studierte vor sich hin. Wenn ich ihn bat, er solle mit den Kindern Aufgaben machen oder sonst etwas, ich hatte ja Schulbücher mitgenommen, schüttelte er nur den Kopf, er war einfach nicht fähig dazu, während hingegen eine Frau, möchte ich sagen, einfach tätig eingreifen muß, weil das Leben weiterläuft, vom Morgen bis am Abend, die Kinder in die Schule, daß sie recht angezogen sind und so weiter. Für mich war es eine ganz traurige Situation, und zu all dem war noch das Wetter sehr grau und regnerisch, das hat natürlich auch noch beigetragen. Es war nicht gerade wie man sagt «im sonnigen Tessin...» Ich war eigentlich in einer großen Schwermut und probierte immer wieder mit Koni über diese Dinge zu reden, aber ich erhielt keine Antwort, weil er sich wahrscheinlich selber zuerst finden mußte. Wenn Koni so am Fenster stand und vor sich hinstudierte und ich mit ihm zu reden versuchte und keine Antwort erhielt, wußte ich ja, daß das eine Art ist, kolossal verschlossen, aber mit den Genossen konnte er wieder gut diskutieren. In seiner Gegenwart bin ich trotz allem, ich war doch mit ihm ins Tessin gekommen und mit den Kindern, aber ich war hier absolut allein. Das hat mir eigentlich jeden Tag schwer gemacht, weil ich mich nicht ausreden konnte, ich erhielt keinen Trost und auch keinen Mut zugesprochen. Ich meine, man hätte mir ja sagen können: «Das ist fein, daß du mithältst». Aber das wurde als selbstverständlich angeschaut. Es wäre doch ein Herrenfressen gewesen für die andern, wenn ich in diesem Moment Koni im Stich gelassen hätte, wenn ich einfach nach Schwyz gegangen und mich distanziert hätte, aber das habe ich ja bewußt nicht gemacht, und darum hätte ich aber auch mehr Hilfe gebraucht von meinem Partner. Als Kommunistin konnte ich doch meinen Lebenspartner nicht einfach sitzenlassen, das hätten die anderen doch gewollt, die hätten doch gesagt: «Wir ruhen und rasten nicht bis er Thalwil und das Land verläßt». In so einem Augenblick geht doch eine Frau nicht von ihrem Mann fort. Ich war von mir aus wahnsinnig entsetzt, daß man Schweizer im eigenen Land so verfolgt, dabei heißt es doch: «Jeder kann denken wie er will». Ich wehrte mich einfach dagegen, daß man mit jemandem so umgeht, daß das Bürgertum so etwas überhaupt gestattet, es war ja nur ein kleiner Klüngel, diese Aktion «Frei sein», die das zustande gebracht hat, aber der ganze bürgerliche Blätterwald hat geschwiegen. Dieses Wort von Koni «Jetzt erst recht durchhalten» kam nun auch an mich heran und ich habe das wirklich aus Überzeugung gemacht und habe dabei an die vielen Verfolgten gedacht, die niemand kennt, von denen man nicht redet und an diese namenlosen Hingerichteten und an die, die in den Gefängnissen gequält werden, von dem haben wir ja gar keine Ahnung, das sind Millionen von Opfern für die Revolution. So gesehen war unser Fall eigentlich nur eine Bagatelle. Und das hat mir auch Kraft gegeben, ich habe manchmal wieder gedacht, ich habe es ja noch gut und schön. Aber es war mein eigener Wille fortzugehen, um zu dokumentieren... wie soll ich es sagen, ich finde die Worte nicht. Wenn ich in diesem Häuschen war, Koni am Fenster und ich meine Hausarbeiten machte, habe ich mir doch Reflexionen gemacht, und ich habe immer gedacht, es ist eigentlich schlimmer, als wie ich das am 13. November angeschaut hatte. Wir waren jetzt wie in einem anderen Land, in einem anderen Haus, ich hatte niemanden um darüber zu reden, die Freunde hatten Angst uns zu besuchen, und ich habe es gefühlt, ich merkte, daß mir noch etwas Schlimmes bevorsteht. Das merkt man doch, das ist wie eine dunkle Bedrohung im Rücken, und ich möchte sagen, Ascona war eine Übergangszeit, eben vor dieser Bedrohung, vor der ich Angst hatte. In diesen stillen Tagen in Ascona gingen mir eigentlich erst recht die Augen auf, und ich realisierte erst, was eigentlich alles in Thalwil passiert ist, was über uns gekommen war. Man hatte natürlich auch viele Genossen geplagt, zum Beispiel der Lydia Woog hat man den Laden kaputt gemacht, und vielen Arbeitern wurde die Stelle gekündigt, aber das habe ich alles erst in Ascona realisiert, weil auch wir jetzt von der Kette abgehängt waren.

Ich weiß eigentlich nicht mehr so genau was wir sonst noch machten in Ascona, ich glaube Koni hat da seinen offenen Brief an die Thalwiler Bevölkerung vorbereitet.

Jeden Samstagnachmittag gab es zum Beispiel am Radio eine Sendung, ich weiß nicht mehr, wer alles dabei war, die sangen ein Lied über die Schwalben, die südwärts ziehn, und darin kam auch der Name Farner vor. Das war ja blöd, die haben das vielleicht gegen ihren Willen gemacht, das war einfach der Brotkorb, sie machten wahrscheinlich, was man von ihnen verlangte, eben ja für den Brotkorb, und das war für alle auch immer die Entschuldigung...

Als wir von der «Casa del Settimo Cielo» ins andere Haus gezogen waren, hörten wir in der Nacht in Abständen immer wieder Autos vorbeifahren, ein paar Nächte hintereinander. Da ging sich Koni einmal bei einem Genossen erkundigen, da hat dieser gelächelt und gesagt, das seien doch sie, die unser Haus beschützen! Es hatte etliche Genossen in Ascona, ein Schnitzer, ein Baumeister, alles Tessiner, alle Asconeser, sie waren furchtbar lieb mit uns.

Langsam kam Weihnachten, und eine Freundin lud uns nach Minusio ein und machte einen Weihnachtsbaum an einem Cheminéfeuer, aber es kam keine richtige Stimmung auf, es war eher etwas traurig. Was mich persönlich tief gerührt hat, war der Besuch meiner Schwestern. Sie kamen wirklich aus Liebe zu mir und um den Kindern und uns zu zeigen, zu dokumentieren, daß wir nicht allein sind. Sie waren einen ganzen Nachmittag da, übernachteten auch hier, und am andern Tag mußten sie wieder fort. Aber es war rührend, es hatte uns allen gut getan. Es war doch ein Stück Familie, weil wir drei Schwestern wirklich ein Block sind, und diese Geschehnisse in Thalwil haben uns noch mehr zusammengeschweißt. Wir redeten nicht über Politik. Sie haben mir höchstens erzählt, was alles über uns geschwatzt wurde. Wir erfuhren so, daß die Polizei unsere Kinder in Zumikon bei der Schwester gesucht hatte, was die da zu suchen hatten, was die mit den Kindern machen wollten ist mir unerklärlich.

Wir erhielten wie gesagt viel Post von Genossen und Freunden, aber nicht an unsere Adresse, sondern an Frau H. und unten auf dem Umschlag stand ein kleines K. F. Alle hatten Angst uns direkt zu schreiben. Aber es ist interessant, diese Briefe waren nie offen, während in Thalwil alles immer geöffnet ankam, verklebt und verschmiert. Mein Schwager glaubt mir heute noch nicht, daß unsere Briefe geöffnet ankamen und daß unser Telefon abgehört wurde. Telefone bekam ich immer von meinen Schwestern und von der jüngsten Schwester rührende Briefe.

Dann bekam ich langsam Bedenken wegen der Schule, die Kinder lernten doch nichts. Es wurde unterdessen Januar und ich sagte mir, am gescheitesten wäre es doch, wenn man mit den Kindern nach Thalwil zurückginge, sonst verlieren sie ein Schuljahr. Ich begann mich umzusehen und herumzufragen. Ich telefonierte oft mit meiner jüngeren Schwester, die auch ein Kind in diesem Alter hatte, und dann bekam ich furchtbares Zahnweh. Ich rief meinen Zahnarzt in Schwyz an. Ich war ursprünglich seine erste Patientin gewesen, als er die Praxis eröffnete. Ich war also eingeschrieben und ging am 20. Februar nach Schwyz zum Zahnarzt. Und das fand ich etwas komisch, als ich in die Praxis kam, hat er mich ganz... er ist direkt «erchlöpft» als er mich sah, und ich gab ihm noch schön die Hand, nichtsahnend, ich konnte doch nicht wissen, daß die Leute solche Angst hatten. Dann wollte ich mich auf den Stuhl setzen, da sagte er: «Halt, halt, bevor sie absitzen, müssen sie abschwören.» Er wurde ganz rot im Gesicht. Ich sagte: «Was abschwören?» Und er: «Dem Kommunismus müssen sie abschwören!» Ich setzte mich auf den Stuhl und sagte ihm: «Machen sie jetzt meine Zähne, ich habe ein kleines Loch, ich muß nachher wieder nach Hause.» Er hat dann nichts mehr gesagt und mich auch wieder sang- und klanglos gehen lassen. Damals realisierte ich erst, wie stur die Leute ja sind, und daß sie mit Scheuklappen durch die Welt gehen. Aber das hat mir eine Vorahnung gegeben, was mir noch bevorsteht, wenn ich nach Thalwil komme. Ich wußte schon, daß die Schwyzer so negativ eingestellt waren, aber daß mich der Zahnarzt, der mich jahrelang behandelt hatte, so anlärmen würde, hatte ich doch nicht erwartet.

Dann ging ich ganz allein nach Thalwil, das war an einem Samstag. Heute denke ich, daß ich eigentlich noch Mut gehabt habe. Ich übernachtete in unserem Haus, und da erhielt ich ständig Telefonanrufe, und einmal sagte eine tiefe Männerstimme: «Frau Farner, ich warne sie, diese Nacht wird etwas passieren! Gehen sie fort!» Und dann, das ist mir noch so vor den Augen wie wenn es gestern passiert wäre, habe ich mit beiden Fäusten auf den Tisch geschlagen und gerufen: Ich lasse mich einfach nicht fortjagen! Ich bin doch eine Schweizerin, ich lasse mich nicht fortschicken! Dieses Telefon hat mir eigentlich noch den letzten Stoß gegeben zum Durchhalten.

Ich heizte dann das leere und kalte Haus und nahm Verbindungen auf, telefonierte da und dorthin, vor allem auch dem Schulpräsidenten von Thalwil. Der sagte mir am Telefon: «Meines Wissens können ihre Kinder in Thalwil nicht mehr in die Schule, sie haben ihre Papiere ja nicht mehr hier.» Da habe ich ihm erklärt, daß wir doch ein eigenes Haus haben, daß unser Heimatschein bei der Gemeinde liege und beharrte einfach drauf, daß ich mit ihm reden könne. Am andern Tag, es war ein Sonntag, war ich bei ihm bestellt auf 11 Uhr. Ich zog mich extra etwas soigniert an. Ich dachte dem will ich zeigen, daß ich nicht nur so ein hergelaufener Löli bin. Ich trug eine alte Pelzjacke, das war einmal ein Mantel gewesen, aber durch's Sparen war sie immer kleiner geworden. Ich zog weiße Waschlederhandschuhe an und einen Hut, trug noch etwas kölnisches Wasser auf's Halstuch und bin dann gestartet. Auf der Straße begegnete ich verschiedenen Leuten, die mich anglotzten wie weiß Gott wer. Die haben mich alle gekannt, während ich niemanden kannte. Also gut, ich kam zu diesem Schulpräsidenten, einem Herrn Doktor so und so, wurde empfangen, er hat mich eigentlich sehr nett begrüßt. Ich tat ihm wahrscheinlich leid. Ich sagte: «Also gut, ich appelliere an sie, als Schulpräsident, daß sie meine Kinder beschützen, damit sie in die Schule gehen können.» Da hat er gesagt: «Das kann ich nicht, und ich sage ihnen noch einmal, schikken sie die Kinder nicht in die Schule, weil die Papiere nicht bei der Gemeinde liegen.» Ich läutete dann unseren Rechtsanwalt an und legte ihm den Fall klar. Er hat gesagt: «Schick deine Kinder nur in die Schule, ich mach diese Sache in Ordnung.» Mit mir nach Thalwil war auch die jüngste Schwester gekommen, sehr hilfsbereit, lieb und auch energisch. Sie hat die Kinder in die Klasse begleitet und ging nachher auf die Gemeindekanzlei. Dort hat sie mit resoluter Stimme gefragt, ob das stimme, daß der Heimatschein von Farner's nicht mehr bei ihnen sei. Da hat ein etwas erschrockener Gemeindebeamter gesagt: «Ja, leider, wir haben den etwas verfrüht nach Oberstammheim geschickt.» Unser Rechtsanwalt hat das dann in Ordnung gebracht, und der Heimatschein wurde wieder zurückgeschickt. Die Oberstammheimer hatten natürlich selber gar keine Freude, daß diese Papiere zu ihnen gekommen waren. Zu all dem muß man noch sagen: einen Heimatschein schickt man erst unaufgefordert in den Heimatort, wenn ein Mensch dreimal ein Schwerverbrechen begangen hat...

Ich fragte dann einen Nachbarn, mit dem wir immer gute Beziehungen hatten, ob er mir mein Passagiergut auf dem Bahnhof abholen könnte, aber auch das wurde von den Nachbarn beobachtet, und darauf mußte er vor die SBB-Direktion, er war Bahnangestellter, und dort legte man ihm nahe, daß er nicht mehr mit uns verkehren dürfe... Ein Mädchen machte damals gerade eine Kanzlistinnenlehre auf der Gemeinde, und ihre Mutter wollte zu mir in den Webkurs kommen. Man legte ihr nahe, darauf zu verzichten, wenn sie wünsche, daß die Tochter ihre Kanzlistinnenlehre fortsetzen könne...

Eigentlich hatte ich mich auf's Heimkommen gefreut, denn es war keine sehr schöne Zeit gewesen im Tessin. Ich möchte fast sagen ein Leerlauf. Ich hatte aber gespannte Gefühle und wußte einfach, daß irgend etwas... daß es noch nicht fertig ist, das hatte ich gemerkt. Wir hatten abgemacht, daß ich allein mit den Kindern nach Thalwil gehen würde. Ich sagte mir, daß ich besser neu anfangen könne, wenn Koni nicht da ist. Er war ja der Stein des Anstoßes. Bei unserer Ankunft in Thalwil stand die Polizei auf dem Perron. Irgendjemand hatte die schon benachrichtigt. Ich schaute den Polizisten fest in die Augen und lächelte, und auf dem Weg nach Hause fragte ich mich, wieso die da stehen. Ich fragte mich auch: wer bezahlt eigentlich diese Leute, die uns ständig nachgingen und uns beschatteten? Und jetzt hintendrein frage ich mich noch, wer bezahlt eigentlich die Stadtautos, mit denen man einen Solschenizyn abholte..?

Ich war 5 Wochen in diesem Haus ohne meinen Mann, also wenn man sagen will «ohne männliche Hilfe», und ich muß schon sagen, es war nicht gemütlich. Durch das, daß die Türe überwacht war und aufgrund der Erfahrungen von Genossen, die ihre Stelle verloren hatten, sind natürlich sehr wenig Leute in unser Haus gekommen. Das hat sich dann erst mit den Jahren gelockert, aber die ersten drei, vier Jahre waren furchtbar schwer.

Die Kinder gingen jetzt zur Schule. Ich hatte ihnen immer gesagt, sie sollen pünktlich nach Hause kommen, weil ich sonst Angst habe, und all diese Jahre, in denen wir verfolgt wurden, kamen sie immer auf die Minute nach Hause. Sie hätten allerdings auch gar keine Gelegenheit gehabt, sich auf den Spielplätzen herumzutreiben, die andern Kinder durften ja nicht mit ihnen spielen.

Die Osterferien haben wir, wenn ich mich recht erinnere, in Schwyz verbracht. Unser Haus in Thalwil war im Parterre immer noch ganz vermacht, wir trauten uns nicht, die Fensterläden aufzutun. Ich sagte den Kindern immer: schließt die Läden. Die Gewerbler hätten uns ja nicht bedient, wenn jemand eine Fensterscheibe eingeschlagen hätte. Das Haus ist ja an und für sich schon dunkel, weil es ein Anbau ist. Nach Norden und nach Süden hatten wir die Läden geschlossen. Wir ließen Tag und Nacht das Licht brennen. Es war eine furchtbare Düsternis. Jeden Morgen stand ich eine Stunde früher auf und ging vor die Haustüre, um zu sehen was wieder gemacht worden war. Entweder hatte es große Steine vor der Tür oder sie war frisch verschmiert, manchmal mit menschlichem Unrat. Ich sagte mir, die Kinder sollen wenigstens unbehelligt zur Haustür heraus gehen können, sie haben es ja dann nachher noch schwer genug. So habe ich jeden Morgen früh diesen Dreck zusammengeputzt, im Bewußtsein, daß man mir von vis-à-vis zuschaut. Das war eher ein ekelhaftes Gefühl, mir kamen dann immer die Juden in den Sinn... Wenn ich dann manchmal in der Webstube einen Fensterladen öffnen mußte, sah ich gerade das große Plakat, das sie während unserer Abwesenheit im Nachbarsgarten eingerichtet hatten. Es waren große Eisenbalken in den Boden zementiert worden, die Tafel war aus dickem Holz, ungefähr anderthalb bis zwei Meter breit und drei Meter hoch, übrigens sehr raffiniert und graphisch tadellos gemacht, ein schwarzer Grund und ein großer, weißer Kreis und in diesem Kreis stand der Text. Diese Tafel hatten wir täglich, stündlich vor unseren Augen, während zehn Jahren. Da wurdest du immer wieder ermahnt, wer du bist und wie man dich beurteilt, aber auf der andern Seite hat mir diese Tafel eigentlich Kraft gegeben zum Durchhalten, erst Recht. Dieses Plakat wurde immer wieder ausgewechselt, alles in allem hatte es etwa zehn verschiedene Texte drauf. Plötzlich am Morgen, wenn ich zum Fenster hinausschaute, war wieder ein neuer Text da, die hatten genau gewußt, warum sie so ein stabiles Gestell gemacht hatten. In einer Nacht vom 1. auf den 2. Mai wollte es ein Genosse wegreißen, aber es hielt so gut, daß es nicht wegkam. Nach vielen Jahren habe ich vernommen, daß das Plakat mit einem Klingelzeichen verbunden war. Jedenfalls hatte der Genosse kaum daran gerissen, als auch schon ein Polizeiauto erschien... Alles in allem stand das Plakat wie gesagt zehn Jahre, und nachher war die Tafel noch lange leer bis sie es von Arbeitern wegmachen ließen. Sie haben das auch in der Nacht gemacht, wir haben nichts gesehen.

Wir konnten nicht Klage erheben gegen das Plakat, der Text stimmte ja, wir konnten nicht sagen, wir seien keine Kommunisten. Aber unser Rechtsanwalt hat eingeklagt wegen «Beeinträchtigung persönlicher Freiheit», und das ist dann angenommen worden, und sie mußten 150.– Franken Buße bezahlen. Das war natürlich lächerlich im Vergleich zu allem, was bei uns kaputt gemacht worden war. Ich habe zum Beispiel gar keine Aufträge mehr zum Weben bekommen. Ich wollte die Familie ja mit Weben durchbringen. Aber das ist alles ins Wasser gefallen, es hat niemand mehr etwas bestellt.

Als junge Witwe hatte ich weben gelernt und habe dann nachher den Bergbauern Kurse im Weben gegeben. Das war subventioniert vom Bund und Kanton, das war für mich also nicht nur ein Hobby, sondern eine ernsthafte Sache, und nachher, als ich Konrad Farner heiratete, bestritt ich den größten Teil der Haushaltungskosten mit meiner Webarbeit. Ich hätte auch Spinnunterricht geben können für Wolle und Hanf und Flachs. Aber durch diesen Pogrom in Thalwil wurde alles zunichte gemacht. Es hat sich niemand mehr getraut in unser Haus zu kommen. Wer aus und ein ging, wurde registriert. Die Nachbarin ging mit Notizblock und Bleistift die Autonummern der wenigen Freunde und Genossen notieren, die uns noch besuchen kamen. Wenn es Privatleute waren, hat man ihnen telefoniert, waren es Arbeiter, haben sie schlauerweise die Direktion am Arbeitsplatz benachrichtigt. Es kam sogar vor, daß deshalb Genossen ihre Stelle verloren.

In all diesen Jahren habe ich mich immer gefragt, was diese Frauen, was die Mütter dazu zu sagen haben. Keine Frau hat sich gemeldet. Ich meine, wenn ich von einem solchen Fall gehört hätte, wäre ich zu einer solchen Frau gegangen oder hätte mindestens angeläutet. Wo sind die Mütter? Das hat in meinem Hirn gebohrt, fast täglich habe ich das gedacht. Frauen sind eigentlich unkameradschaftlich! Ich kenne jetzt ein paar sehr nette Frauen, und zufällig oder auch gewollt kommen wir zusammen, und immer wieder wird betont: «Wir haben von euch geredet, wir hatten Mitleid mit euch, aber was hätten wir tun können?» Sie hätten doch... ich weiß nicht... opponieren... ich weiß nicht, was man hätte machen können. Es hat sich halt doch niemand getraut. Aufgrund von dem sage ich: von hundert Schweizern würde ich sagen sind neunzig feige, wenn es drauf und dran kommt. Wenn ich zufälligerweise vor der Tür etwas wegwischte und die Fabrik aus war und die Arbeiter gingen nach Hause, da haben sie alle stereotyp auf die andere Seite geschaut, sie getrauten sich nicht einmal zu nicken. Und zum Beispiel der Zahnarzt, der mir einen Absagebrief geschrieben hatte, er könne mich und die Kinder nicht mehr behandeln, dem ist das heute äußerst peinlich, daß ich diesen Brief noch habe, wie ein Beweis, denn er will ein Sozialist sein.

Und das ist nur Feigheit. Man zehrt immer noch an der Tapferkeit von früher, aber heute existiert das ganze nicht mehr. Ich habe das erlebt. Zivilcourage hat fast niemand, nur ganz wenige. Umso mehr hat man dann geschätzt, wenn jemand, mit Mut muß ich sagen, an die Türe kam. Einmal kam ein Besuch aus Westdeutschland, ein Professor und noch ein Herr, die gar nichts politisches zu tun hatten hier. Die wurden geanödet, und dann hat dieser Professor nachher gesagt: «Ich bin entsetzt über die Schweizer, ich habe das nicht erwartet. Wo ist die freie Schweiz?»

Der Einkauf für das tägliche Brot war für mich immer das schwierigste, ich ging natürlich nicht gerne auf die Straße. Der erste Gang war in den nächstliegenden Konsum. Der wurde von einem älteren Fräulein geleitet. Im Laden selber standen Arbeiterfrauen, die Sachen einkauften für's Mittagessen, und als ich zur Türe hereinkam, hat sich sofort eine Bahn gebildet bis zum Verkaufstisch, eisiges Schweigen, ich schaute die Verkäuferin an, wahrscheinlich Hilfe suchend, ich weiß es nicht mehr, es war mir ja auch außerordentlich peinlich. Da sagte sie mit ihrem treuen Blick durch ihre Drähtlibrille hindurch: «Brot ist für alle da, nicht wahr Frau Farner?» Da hatte ich zum ersten Mal geweint, und das hat mir auch wieder Mut gemacht.

Wenn ich mit dem Zug in die Stadt ging verfolgten mich die Leute von der Aktion «Frei sein», sie standen im Zug neben mir, setzten sich nicht, auch wenn es Platz gehabt hätte und gingen dann neben mir her durch den Hauptbahnhof auf die Bahnhofstraße bis ich dann irgendwo in einem Laden verschwand.

Mehr als ein Jahr lang hat mir die alte Nachbarin die dringendsten Kommissionen gemacht. Manchmal hätte ich sonst wegen einer Bagatelle nach Zürich hinunter müssen. Man konnte mit ihr allerdings keine langen Gespräche führen, sie kam immer wieder auf den lieben Gott zu sprechen, für sie war alles von Gott gesandt und sie sagte immer, die werden das einmal büßen müssen, der liebe Gott sieht alles. Sie hatte in einem gewissen Sinne eine direkte Telefonverbindung zum lieben Gott. Aber sie war mir trotzdem ein großer Trost, obwohl ich mit ihr eigentlich auch nicht reden konnte, aber wenigstens ein Mensch, der mir am Morgen guten Tag sagte...

Von Zeit zu Zeit kamen wieder Artikel in den Zeitungen, je nach der politischen Lage, und dann warf man uns wieder Farbtöpfe an die Hausmauer. Das Haus sah ja schon schrecklich genug aus, es war einfach, wie man sagt, eine Art öffentliche Wand für Anstreicher geworden... An die Haustür schrieben sie zum Beispiel «Moskau» oder «Kreml», oder sie malten Sichel und Hammer, einfach was sie wollten und zwar immer in der Nacht. Wir kamen nie drauf, wer es war, auch wenn wir versuchten abzupassen und zu horchen, wir haben nie jemanden ertappen können. Einmal wollte ich von der Stadt nach Hause, ich hatte aber noch keinen Zug, und es regnete stark, da ging ich ins Mövenpick einen Kaffee trinken. Es war gerade Zehnuhrpause. Das Café war ganz voll und ich mußte an einen Tisch sitzen, an dem drei elegante Bürgersfrauen saßen, und ohne zu wollen hörte ich natürlich ihr Gespräch. Die redeten gerade über Ungarnhilfe, eine sagte: «Ich habe ein ganzes Zimmer voll Leibchen und wollene Unterhosen, aber niemand will das.» Ich bezahlte dann meinen Kaffee und wollte zur Tür, aber bevor ich hinausging stach mich einfach der Teufel, ich ging wieder zurück und sagte: «Schicken sie diese wollenen Sachen doch ins Muotatal zu den Bergbauern, die sind froh um warme Kleider.» Die Frauen hörten zu und sagten: «So geben sie uns eine Adresse.» Ich sagte, sie sollen alles dem Pfarramt schicken, die wüßten schon, wo die armen Leute wohnen. Dann wollten diese Damen unbedingt meinen Namen wissen, nach einem Zögern sagte ich: «Gut, ich bin die Frau Farner aus Thalwil...» Die rückten von mir weg wie von einer Tarantel gestochen, um Gottes willen... und eine sagte: «Ich war mit meinem Mann extra einmal in Thalwil um diese Tafel anzuschauen...»

Ich ging dann wieder einmal zu meiner Ärztin nach Zürich. Sie sagte, im Nebelspalter habe es ein Titelblatt mit einer Wühlmaus und einem Text über Farner; da habe sie das Blatt weggerissen, weil sie Angst gehabt hätte, ich würde es sehen und es könnte mir schaden. Später kam dann ein ähnlicher Text auf das Plakat vor unserem Haus. Was ich wirklich betonen und herausheben möchte ist eine gütige Nachbarin eine siebzigjährige Frau, die mehrere Male versucht hatte, unsere verschmierte Türe zu waschen. Dadurch geriet sie in Mißgunst bei unseren «Feinden», und man hat sie sogar geplagt; zum Beispiel hat man einmal hinter ihrem Rücken, als sie von einer Kommission nach Hause kam, Schreckschüsse abgegeben.

Etwas vom Schönsten erlebten wir durch Marco Pinkus. Als nur

Siebzehnjähriger kam er über drei Monate lang jeden Abend zu uns übernachten, um uns zu bewachen. Das werde ich ihm nie vergessen. Da kann man die Worte Mao's wirklich anwenden: «Nur der ist ein guter Genosse, der umso williger an einen Ort geht, je größer dort die Schwierigkeiten sind.»

Mit der Zeit bekamen wir dann auch wieder etwas Besuch. Die Genossen hatten wieder etwas Mut geschöpft. Sie sagten dann immer: «Man sollte... man sollte den Leuten zum Beispiel Ölfarbe über die Köpfe leeren...» Bis ich einmal aufplatzte und sagte: «Aber dann macht doch endlich einmal etwas!»

Etwas sehr schönes haben wir erlebt, an Weihnachten 57, da haben wir ja unglaublich viele Pakete bekommen, von Freunden und Genossen, aber alle Pakete waren entweder eingedrückt oder aufgerissen, die Schnüre ab, das wurde auf der Post gemacht. Sehr viele Pakete kamen ohne Absender, aber in jedem Fall war das eine sehr schöne Solidarität. Wie wir die Pakete öffneten, läutete die Hausglocke ziemlich lange und eindringlich, und wir gingen ja nicht gerne öffnen, aber als wir draußen standen, waren da sechs junge Männer, stellten sich vor als Mormonen, wir lächelten ein wenig auf den Stockzähnen, aber wir ließen sie dann hinein, wir hatten den Christbaum, und dann haben die wunderschöne Lieder gesungen. Es war eine Diskrepanz zwischen außen vor dem Haus und drinnen. Dann machten wir einen Münzentee, und sie haben dann alles Konfekt aufgegessen, das wir bekommen hatten. Aber sie hatten uns doch einen gewissen Lichtschimmer ins Haus gebracht.

Ein ganz außergewöhnlich hilfreicher Genosse, der oft kam und zwar im beschützenden Sinne, war ein Sanitärmonteur, er hat mir sogar im Badzimmer noch etwas geflickt, das war wirklich ein toller Mensch. Er war auch schon früher viel gekommen. Einmal wollte er auf den letzten Zug. Bei der Post oben, am Rank, stand die Polizei, und er mußte sich tatsächlich ausweisen, und man fragte, woher er komme.

Ein ander Mal scheute sich die Frau eines Gemüsehändlers nicht, über die Straße zu kommen und Koni beim Vorbeigehen auf die Füße zu spuken, die haben mich auch nicht mehr beliefert. Ihr Mann hat mir einmal telephoniert und gesagt, er könne mich nicht mehr beliefern, er kenne die Thalwiler zu gut. In den ersten Tagen, als ich von Ascona zurückgekommen war, ging ich auch zu unserm Hausarzt, mich zu erkundigen, ob wir weiterhin zu ihm gehen können, und man hat mich im Gang draußen empfangen, nicht im Wartezimmer, der Arzt kam und war ganz erstaunt, er hatte mir nämlich einen Brief geschrieben und mir abgeraten, nach Thalwil zu kommen, aber der Brief war noch nicht in meinen Händen. Ich sagte ihm, daß es bei uns eben länger gehe mit der Post, weil unsere Briefe geöffnet wurden. Er hat dann gesagt, daß er seine Pflicht tun würde, wenn wir da bleiben, und er ist wirklich immer gekommen, wenn ich ihn gerufen habe, sogar zu meinem Mann, der einmal rasche Hilfe nötig hatte.

Einberufen durch zwei Ladenbesitzer kam dann der Rabattverein zusammen. Sie kamen überein, daß, wenn man einen Laden hat, man verpflichtet ist, zu bedienen, und ich selber sah ja auch nicht ein, daß man alle Leute bedient und uns nicht. Eine Frau hat mir von dieser Sitzung hintenherum erzählt, aber es ging dann noch lange, bis ich wirklich wieder einkaufen gehen konnte, alles in allem in etwa vier Jahre. Wenn ich zum Beispiel manchmal in einen Laden ging, probeweise, dann sah ich sofort, ob Gesichter geschnitten wurden, aber ich sagte dann einfach sans gêne, ich hätte gern dieses und jenes. Was ich in Thalwil nicht bekam, mußte ich nach Zürich einkaufen gehen, aber das war eigentlich ebenso schlimm, weil ich immer noch von der Nachbarin im Zug und überall verfolgt worden bin, die gingen immer hinter mir her, ich ging dann einfach nicht mehr gerne zur Haustüre hinaus und das habe ich heute noch, das ist mir irgendwie geblieben, wenn ich nur nicht aus dem Haus muß. Wenn ich weiß, ich muß in die Stadt, schieb' ich es immer wieder hinaus, das ist wie ein «Hick», den ich seither habe, weißt du, was ein «Hick» ist? Wenn eine Porzellantasse oben etwas verschlagen ist, am Rand einen Splitter ab hat, das ist ein Hick, oder wenn du dich in das Fingerbeeren schneidest oder am Nagel ein Stück ab hast, das ist auch ein Hick.

Ich glaube, es war im 57, da hatte es ein kommunistisches Jugendfestival in Wien, und die Schweizer Teilnehmer kamen mit dem Wiener Expreß direkt im Bahnhof Enge an, und als der Zug anhielt, wartete bereits eine große Meute und hat die Aussteigenden direkt überfallen. Es gab damals in Illustrierten Photos von herumliegenden, ausgeschütteten Koffern, die auf den Geleisen und dem Boden herumlagen. Diese jungen Leute wurden richtig zusammengeschlagen, es hat Verwundete gegeben. Die Westschweizer fuhren mit dem gleichen Zug weiter, und die Westschweizer haben das nachher sehr kritisiert in den Zeitungen, während man das hier in der deutschen Schweiz möglichst vertuscht oder bagatellisiert hat. Und in der Enge haben die Angreifer das Losungswort gegeben: «Wir gehen nach Thalwil». Es standen bereits Autobusse bereit. Wer das organisiert hat, kann man sich ja ungefähr denken, und wir haben ja von all dem nichts gewußt, wir lebten still in unserem Haus. Die Nachbarin ging der Meute wie eine Furie voraus, mit entschlossenem Schritt, und zeigte mit dem Schirm auf unser Haus, und schon begannen sie an der Hausglocke zu läuten und zu pöbeln, gingen um das Haus herum, bis vor die Küche, und dann habe ich dummerweise mit einem Spühlhahn hinausgespritzt auf die Leute mit dem heißen Wasser, ich hatte Angst, daß ich die Fenster nicht mehr schließen könnte, alle Fenster waren offen, und dann hat mir einer diesen Schlauch aus der Hand gerissen, aber eigentlich passierte dann nicht mehr sehr viel. Die haben einfach noch etwas «gragöhlet», hinein konnten sie nicht. Und das war in der Zeit, in der Koni den offenen Brief an Bretscher von der Neuen Zürcher Zeitung geschrieben hat.

Es verging immer noch kein Tag, ohne daß ich nicht ein anonymes Telephon gehabt hätte, zehn bis zwanzig Mal pro Tag. Wenn ich zum Beispiel im Garten draußen Wäsche aufhängte, hat ganz bestimmt das Telephon geläutet, und ich mußte ja immer abnehmen, es hätte ja ein Freund sein können oder ein Genosse oder meine Schwester. Wir hatten zwar abgemacht, daß sie lange läuten lassen, und ich begann dann zu zählen, das war ja grauenhaft, das sind wahrscheinlich solche Momente, die ein Gefangener in einer Kerkerzelle hat, der auch zählt, bis irgend etwas kommt. Oder wenn du willst, Rosa Luxemburg[1], die auf ihr Meislein wartete, diesen Vogel, den sie im Gefängnis gefüttert hat.

Koni hat immer gesagt, ich solle ja nicht zurückläuten, die haben nur Freude. Aber einmal ist mir einfach die Galle übergelaufen, und da habe ich nach jedem anonymen Telephon der Nachbarin zurückgeläutet. Das war gegen Ende Jahr, ich arbeitete im Garten, hängte die Herbstwäsche auf, und es ging nicht lange, und der Polizist kam, Koni hat ihm geöffnet, und dann hat er mich gerufen und gesagt: «Du hast etwas schönes angestellt.» Der Polizist hat wichtig aus einer Mappe ein großes Papier genommen und hat gesagt: «Frau Farner, haben Sie telephoniert? Wie manchmal?» Da habe ich geantwortet: «Genau so viel, wie die mir.» Und er hat tatsächlich auf die Minute alle meine Anrufe notiert gehabt. Die minimste Strafe dafür wäre 5 Franken gewesen, aber mir hat man etwas über 150 Franken verlangt. Und das mußten wir natürlich bezahlen, das war kurz vor Weihnachten, und das mochte mich vor allem, weil das Geld Erspartes gewesen war, mit dem ich den Kindern die Weihnachtsgeschenke kaufen wollte.

Koni war schon mit 20 Jahren in die Partei eingetreten, aufgrund des Eindruckes der russischen Revolution, und er hat damals schon 1. Mai-Reden gehalten, und später hat er in Basel bei Salin studiert, er hatte da ein Stipendium und konnte natürlich nicht so öffentlich auftreten, aber er hatte doch damals schon die Heartfield-Ausstellung[2] gemacht bei Wohler, und da hat irgend ein Genosse mitgeteilt, daß die Polizei das sperren komme, und da haben sie das gleitig geräumt, in der Nacht, aber es war eine sehr interessante Ausstellung. Heute ist ja Heartfield wieder Mode. Später war er dann in Zürich im Zentralkomitee, anno 50 ungefähr. In dieser Zeit hat er überall Schulungskurse

---

1 Rosa Luxemburg, Theoretikerin des Marxismus. In der polnischen Arbeiterbewegung und später in der deutschen Sozialdemokratie führend auf dem linken Flügel. 1919 mit Karl Liebknecht ermordet.
2 John Heartfield, Begründer der Photomontage als Kunstform, Mitarbeiter der Arbeiter Illustrierten Zeitung (AJZ). Nach 1950 auch Bühnenbildner.

gemacht und zwar hatte er von mir aus gesehen ein wunderschönes System. Er hatte kleine Notizzettel, das war eine schöne Beige, nur kurze Bemerkungen, und er hat die marxistische Philosophie umgesetzt in schweizerdeutsch, so daß es jeder Arbeiter verstand. Das bewunderte ich sehr an ihm. Das ist nämlich nicht leicht. Und er war jeden Abend an einem andern Ort, man hat ihm einfach gesagt, dort hat es einige und dort, und da ging er hin und gab Schulungskurse, die gingen etwa 14 Tage bis drei Wochen, je nach der Situation der Arbeiter, wie sie Zeit hatten. Von Thalwil aus ging er auch viel fort, diese Kurse waren am Abend, so daß ich mir manchmal sagte, er verreist wieder mit dem roten «Göfferli»... Das hat er natürlich alles gratis gemacht, manchmal haben sie ihm das Zugbillet bezahlt, aber meistens hatten sie nicht einmal Geld für's Billet. Es kam vor, daß er irgendwo auf dem Lande in einem ganz kleinen Dorf, zum Beispiel außerhalb von Winterthur einen Kurs hatte, und er kam dann mit dem Nachtzug nach Hause, manchmal bei Regen und Nebel, und da fragte ich immer: «Wie ist es gewesen? Hat es Leute gehabt?», und da hat er gesagt: «Ja, zwei Personen waren da, aber es hätte sich gelohnt, wenn auch nur einer gekommen wäre.» Was er nicht gerne hatte, was er sogar verbot, das waren die strickenden Frauen in der ersten Reihe. Sie wollten für den Bazar lismen, und gleichzeitig den Schulungskurs anhören, aber das ging ihm furchtbar auf die Nerven. Ich sagte dann manchmal, das lohnt sich doch nicht, wegen zwei, drei Personen eine so lange Reise zu machen. Manchmal mußte er noch umsteigen von einem Nest mit einem Bummelzug in ein anderes und dann noch mit dem Autobus, und da hat er gesagt, daß das Lenin schon gesagt habe, wenn nur eine Person komme, das lohne sich schon.

Was ich noch sagen wollte: anno 50 ging doch die erste Delegation der Gesellschaft Schweiz–Sowjetunion auf eine Reise in die Sowjetunion. Da ging auch ein Parkettleger mit, dem man bei seiner Rückkehr sofort die Stelle kündigte, und heute pilgert ja alles in die Sowjetunion, und nicht nur in die Sowjetunion, auch nach China. Heute darf man, weil die andern jetzt Geschäfte machen wollen, jetzt ist es erlaubt, aber wenn ein gewöhnlicher Arbeiter gehen würde... man muß nur an Rasser denken, der hat doch ganz früh, ich weiß nicht mehr, in welchem Jahr, wurde er von den Chinesen eingeladen, sie haben ihm vor allem Theatersachen gezeigt, und er ist ja ganz begeistert zurückgekommen. Dann haben sie ihn hier aber komplett erledigt, er konnte in keinem Film mehr mitmachen, konnte nicht mehr auftreten, bis er dieses Ein-Mann-Cabaret machte. Ich bewundere ihn, wie er sich durchgeschlagen hat. Was ich an den Kapitalisten bewundere, ist ihre Art, wie sie sich immer nach dem Wind drehen können und gar keinen Schaden darunter leiden. Jetzt sind wir doch vor dieser Abstimmung (Fremdeninitiative 3), jetzt sind sie ja für's nein. Sie haben Angst, daß sie die Fremdarbeiter nicht mehr aussaugen können, und jetzt reden sie plötzlich von der Menschlichkeit, diese Gauner. Die sagen ja nie die Wahrheit, das ist auch etwas typisches. Kurz vor Weihnachten 57, als wir ja immer noch unter der Hetze litten, habe ich mir gesagt, die Kapitalisten muß man ja nichts lehren, in der ganzen Schweiz verkaufte man da tschechischen Weihnachtsschmuck, und vorher hatten wir ungarische Trauben, aber das war natürlich nicht angeschrieben. Im Jelmoli gab es Foulards, die ich gerne um die Haare trage, und die haben 4–5 Franken gekostet, und dann hatte ich es plötzlich sehr schöne, große für nur 2 Franken.

Da habe ich mich bei der Verkäuferin erkundigt, wieso diese Tüchlein so billig sind, da hat sie mir ganz leise gesagt: «Wissen Sie, die kommen aus China». Ich habe das dann weitererzählt, und später hat mir jemand gesagt, daß sie vor dem Verkauf eine ganze Nacht lang mit Hilfsarbeitern die Etiketten «Made in China» von den Tüchlein abgetrennt hatten...

Einmal hatte ich meine Schwägerin zu Besuch und wäre gerne ans Gesangsexamen der Kinder gegangen. Sie hat gesagt, komm, wir gehen rasch, wir können ja dann wieder gehen. In der Pause gingen wir dann wieder weg, und am andern Tag sagt mir die Zigarrenverkäuferin, das sei nicht gescheit gewesen von mir, man sage überall, ich sei gerade fortgelaufen, als sie anfingen, «Rufst Du mein Vaterland...» zu singen... aber ich hatte doch keine Ahnung, was nachher gesungen wurde. Es wurde einfach alles registriert und ins Negative gekehrt.

Ein guter Freund kam nach Zürich, ich freute mich sehr, ihn wieder einmal zu sehen. Wir konnten nicht lange mit ihm reden und auch nur in einem Hotelzimmer. Ich weiß eigentlich nicht, was ich von ihm erwartete, aber ich ging wie hilfesuchend dorthin, und da hat er gesagt: «Ihr steht an der vordersten Front, Ihr müßt durchhalten, wer A sagt, muß auch B sagen, und viele andere Genossen haben es ja weit schwerer. «Ungefähr so hat er mit mir geredet. Das hat mir eigentlich sehr stark geholfen. Er hat mir in einem kurzen Satz die Situation geschildert und von den ungezählten Genossen geredet, die auch verfolgt wurden. Auch Koni, das muß ich wirklich sagen, hat immer wieder gesagt, es gibt Millionen von revolutionären Opfern, die man nicht einmal beim Namen kennt, und da habe ich mir wieder gesagt, das ist ja lächerlich, wir sind auch nur ein kleiner Anteil an die Revolution. Wir hatten noch ein Dach über dem Kopf und jeder sein eigenes Bett und sind noch nicht verhungert.

Wir hatten schon 1947–48 in Zürich Mühe, eine Wohnung zu finden, kaum hatten wir eine gefunden, wurde sie wieder abgesagt, man wußte einfach, daß Koni Kommunist war, wahrscheinlich war schon damals die Bupo dahinter. Es wurden ja damals schon Briefe geöffnet. Als Koni zum Beispiel auf diese Reise in die Sowjetunion ging, haben sie ihm hier den Paß lange nicht herausgeben wollen. Ich war damals in Schwyz in den Ferien, als mir eine Freundin ein Inserat schickte: Für Liebhaber ein Haus in Thalwil. Das gingen wir dann anschauen und haben es gekauft. Natürlich mit Hilfe von Freunden, eine Hypothek war drauf und eine zweite mußten wir aufnehmen, es mußte noch vieles umgebaut werden. Wir mußten also zwei Hypotheken verzinsen, und als ich im 1956 einmal vergaß, den Zins zu bezahlen, das zeigt, in was für einer Verfassung ich war, schickten sie nach einigen Tagen schon die Kündigung der zweiten Hypothek, darauf hatten sie natürlich nur gewartet. Dann hatten wir natürlich große Mühe, wieder eine Hypothek zu finden. Mein ganzes Geld, das ich von meinen Eltern geerbt habe, ist alles in diesem Haus, es war nicht sehr viel. Ich weiß nicht, wo wir gewohnt hätten, wenn wir nicht zufälligerweise Hausbesitzer gewesen wären.

Wenn ich es manchmal wirklich fast nicht mehr aushielt, kam mir das alles wieder in den Sinn, auch das Gespräch mit diesem Freund. Wenn man an alle unsere Opfer denkt, zum Beispiel gerade Rosa Luxemburg, wie haben sie die kaputt gemacht, dagegen ist ja unser Leben heilig. Außer uns wurden ja auch sehr viele Arbeiter, Genossen verfolgt, und in Zürich war es am schlimmsten. Aber Zürich ist ja auch das Zentrum der Banken, das macht sicher viel aus. Ich will mich nicht hervortun, mit meinem Schicksal, ich würde den anderen Genossen unrecht tun, aber ich kann ihre Situation nicht so genau beschreiben, ich kenne sie nicht so gut wie meine eigene. Ich möchte unseren Fall nicht hochspielen, andere haben ebensoviel mitgemacht, aber unser Fall wurde einfach bekanntgemacht, durch die Zeitungen, dieser Appell an die Männer und Frauen von Thalwil wurde doch überall abgedruckt, und der Aufruf der Zürcher Zeitung von Dr. Bieri[1], der ging doch durch den ganzen Blätterwald, da haben wir doch gar nichts dazu getan. Wenn bei Escher Wyss eine Sekretärin, die zwanzig Jahre dort gearbeitet hatte, entlassen wurde, von einem Tag auf den andern, weil sie in der Partei der Arbeit war, oder wenn ein Arbeiter verjagt wurde, das kam natürlich nicht in den Zeitungen. Aber der Dr. Farner erschien einfach überall in der Presse...

Einmal habe ich mit einer Genossin geredet und sie hat mir gesagt: «Du verstehst mich halt nicht.» Und dann habe ich mir das einen Moment lang überlegt und sie gefragt: «Ja, verstehst Du mich?» Ich habe das Gefühl, daß ich viel den größeren Weg zurückgelegt habe als die Arbeitergenossen, ich mußte einen viel größeren Graben überspringen, wenn ich an meine Herkunft denke, während sie überhaupt keinen Graben hatten.

1 Dr. Ernst Bieri, Theologe, heute Bankdirektor in Zürich, vorher freisinniger Stadtrat. 1956 Redaktor der NZZ.

Zurückgedacht bereue ich nichts an meiner Haltung, einzig, wenn ich an die Kinder denke, sage ich mir, sie hätten ein unbeschwerteres Leben verdient. Aber ich selber sage: Im Kampf wird man stark! Und das hat mich gestählt. Es war doch sicher positiv, daß wir durchgehalten haben, denn viele Leute, die sich mit unserem Fall beschäftigen, mußten sich doch sagen, die halten doch auch nicht umsonst durch, die müssen doch irgendwie überzeugt sein; und die Leute die sich mit unserem Fall beschäftigten sind ja nicht gerade die Dümmsten.

Damals stand ja auch die Sowjetunion noch etwas anders. Heute ist es ja ein Staatskapitalismus, heute bin ich mehr auf der Seite der Chinesen.

Ich habe in der Nachbarschaft eine ganz einfache Frau, das ist die allereinzige von einer großen Umgebung, die nach diesem Geschehen einmal gesagt hat, nur so en passant: «Das ist halt das Kapital!» Das ist die einzige Intelligente, die etwas weiter sah. Im Kleinen war das ein Klassenkampf. Natürlich, beide Seiten bringen Opfer, für uns geht es, im Großen gesehen, um ein Besserstellen der Menschheit, «jeder nach seinen Bedürfnissen.» Ich bereue gar nichts, im Gegenteil, ich habe sogar das Gefühl, daß ich zu diesem Ziel ein wenig beigetragen habe.

Unsere Austrittserklärung aus der Partei ist, so glaub' ich von den Bürgern falsch ausgelegt worden. Koni hat doch genau geschrieben, er trete aus nach links, aber man hat das wahrscheinlich nicht recht verstanden. In seiner «Absage an die Partei der Arbeit» vom 1. Oktober 1969 hat er sich klar von der PdA distanziert, sie sei nicht mehr in der Lage der neuen Situation neue Ideen und Aktionen entgegenzusetzen. Die PdA sei zu einer Partei des Alten geworden und könne den Gegensatz zwischen der russischen und chinesischen Partei nicht begreifen. Koni kritisierte auch sehr den Einmarsch der Russen in der Tschechoslowakei 1968 und warf der Partei vor, zu wenig radikal zu sein, wie Marx sagte: «Radikal heißt, den Menschen radikal sehen und die menschlichen Fragen radikal stellen und beantworten.»

Koni konnte dann zum Beispiel an der Universität eine Gastvorlesung halten. Durch diese Berufung an die Uni hatte er plötzlich eine andere «Visitenkarte» von Teil Leuten, und dann dieser Dialog mit den Theologen, das hat ihn kolossal bekannt gemacht, man hat ihn noch und noch geholt, er hätte jeden Tag irgendwo reden können. Als er krank wurde, mußte ich auf drei Monate hinaus öffentliche Gespräche absagen, so stark war er besetzt, weil er an und für sich ein sehr guter Redner war, und auch für die Diskussionen holte man ihn gerne, er machte die Diskussionen lebendig. Er war immer bereit, mit allen zu reden, und je mehr Anfeindungen und Widersprüche kamen, um so mehr freute er sich, zu diskutieren und diese zu widerlegen.

So 12 Jahre nach der Hetze begann man ihn zu holen, zuerst auch bei der SP und dann die Kirche. Eigentlich mußte ich zweifach durchhalten, vorher war er ja lange Jahre arbeitslos, als Kommunist fand er einfach keine Arbeit, er war sogar auf der Schreibstube. Nachher wieder die Hetze in Thalwil, aber er hätte viele schöne, gehobene Stellungen haben können, wenn er seine Meinungen aufgegeben oder wenigstens aus der Partei ausgetreten wäre. Aber er hat immer nein gesagt. Bei einer Verhandlung, während der man ihm eine sehr schöne Stelle als Museumsdirektor angeboten hatte, ich darf da die näheren Details gar nicht erwähnen, war ich dabei, und ich habe die eigentlich schamlosen Bedingungen mitangehört, und hinter mir stand Koni und sagte wortwörtlich: «Ich nehme diese Bedingungen nicht an, ich bleibe auf meinem Standort». Er war kreideweiß vor Wut, und von da an... das hat mir kolossal imponiert und Eindruck gemacht, und von da an stand ich restlos zu ihm, ideologisch. Dann waren wir wieder eine Familie mit einem arbeitslosen Vater, vorher hatte ich mich schon gefreut, daß wir endlich einen geregelten Verdienst hätten, aber trotz allem habe ich nicht bereut, ich mußte mir sagen: er hat Charakter, während viele andere sich duckten, ausgetreten sind und sich kaufen ließen. Später ist er ja dann auch ausgetreten, aber eben anders. Bei dieser Museumsdirektors-Geschichte habe ich zum erstenmal da hinein gesehen, wie das gemacht wird, wie das geht und wie man es machen könnte. Aber wir haben es uns nicht leicht gemacht, im Gegenteil, wir haben es uns schwer gemacht. Heute machen ja viele das Spiel mit, eigentlich fast alle. Wenn sie hier im Haus sind oder bei ihnen selber, dann sind sie die Oberrevolutionäre. Aber draußen haben sie die schönsten Stellen, und ich frage dann manchmal: was würden die machen, wenn jetzt gerade in diesem Augenblick, Revolution wäre? Aber da bekomme ich keine Antwort. Ganz viele, was würden die machen, wenn es drauf und dran käme? Die würden alle abspringen. Und zwar ist es immer, immer der Brotkorb, und an einem Ort versteh ich das sogar, aber ich entschuldige es nicht. Ich hatte den Brotkorb auch nicht. Die Situation heute in der Schweiz ist ganz komisch, es war mir früher viel angenehmer, als wir kämpfen mußten. Heute weiß man nicht was geht. Es geht einfach allgemein schlecht wegen der Inflation, aber ich sehe keinen Kampf. Jeder schaut nur noch für sich und will möglichst viel Geld verdienen. Viele gute Genossen haben Ferienhäuschen, Autos, und wenn ich denen zufällig begegne, dann haben sie immer dieses stereotype Wort: «Jeh, weißt du, wir haben ein schlechtes Gewissen, daß wir uns nie mehr gemeldet haben.» Sie haben keine Zeit mehr, sie denken nur noch an sich. Koni hat immer wieder gesagt: «Die Zeit wäre nie günstiger als jetzt für eine Revolution, aber es haben alle Angst, für die kleinste Bekämpfung haben sie Angst, sie getrauen sich ja nicht einmal Bemerkungen zu machen oder mehr Lohn zu verlangen, sie haben einfach Angst.» Es gibt eigentlich keine Arbeiterbewegung mehr bei uns. Von meinem kleinen Blickfeld aus gesehen sind es eigentlich nur die Jungen, die etwas unternehmen.

Martha und Konrad Farner haben 1968 klar gegen die Okkupation der Tschechoslowakei durch die Truppen des Warschauer Paktes Stellung genommen; sie sind 1969 aus der Partei der Arbeit der Schweiz ausgetreten.

«Wir haben jetzt eine schwierige Zeit, wir müssen das durchstehen.»

Lydia Woog, ehem. Geschäftsfrau, geboren 1913:

Also bei mir ist folgendes passiert. Eigentlich schon bevor dieser konkrete Einmarsch passierte in Budapest im 56, haben wir gespürt, daß etwas in der Luft lag. Das spürt man einfach. Es war eine ganz eigenartige Stimmung überall, und ich hatte meinem Mann noch gesagt, Ecki[1], du, was ist los? Das sagte er, es komme ihm vor, wie wenn da so eine Pogromstimmung gemacht werde gegen uns, und ich sagte ihm, daß ich dasselbe Gefühl habe. Es fiel mir dann auf, daß Leute um meinen Laden schlichen. Einmal kam ein Detektiv in den Laden und fragte, Frau Woog, wie geht's? und schaute mich so an, sagte aber nichts weiter, schaute sich nur so um und ging wieder hinaus. Ich hatte ein Wäschegeschäft an der Lutherstraße 6 und später baute ich das aus für Konfektion. Ich hatte diesen Laden gegründet nachdem die Buchhandlung Stauffacher von der Bundespolizei 1940 geschlossen worden war, alles beschlagnahmt wurde und als dieser Laden leer war überlegte ich mir, was ich jetzt machen solle. Ich hatte in dieser Buchhandlung ja gearbeitet. Zuerst wurden wir, mein Mann und ich, verhaftet, er längere Zeit, mich ließen sie nach drei Wochen wieder hinaus. Es war nun also ein leeres Lokal da, ich hatte keine Existenz und der Krieg fing an; alles war rationiert, da sagte ich mir, daß ich hier eigentlich ein Textilgeschäft anfangen könnte, mit Strümpfen, also ganz bescheiden, mit Wäsche und so. Das hab ich dann gemacht mit großer Müh, ein paar Freunde haben mir geholfen, gaben mir ein Darlehen und ich mußte das nun mühsam aufbauen. Das Geschäft fing dann an mich zu ernähren und als das passierte im 56, als der Pöbel kam, war ich schon 16 Jahre da und hatte mein Wäschegeschäft. Ich hatte ein nettes Geschäft, ich hatte alles mögliche an Kundschaft, vom Quartier hauptsächlich. Eines schönen Tages in dieser Zeit sah ich einen älteren Mann vom Velo steigen, das Velo hinstellen; der nimmt einen Stein und wirft ihn in mein Fenster. Es war gerade ein Bekannter von mir da, wir sprangen hinaus, er wollte den Mann festhalten, es gab ein Handgemenge, da sagte ich, es hat keinen Sinn. Ich wollte nicht, daß es eine Schlägerei gab. Der Mann stieg dann wieder aufs Velo, fuhr ab und so hat alles angefangen.

1 Edgar Woog, gegen Ende des 1. Weltkrieges in der Basler Arbeiterjugend, dann in Mexiko. Mitbegründer der KP, später in Moskau und nach 1945 Generalsekretär der PdA. Nach dem Parteitag von 1968 Präsident der Kontrollkommission. Gestorben 1973.

Das Loch in meinem Fenster hat die Leute wie magnetisch angezogen, ganz klar, und dann wurden sie frech. Ich wage zu behaupten, daß, wenn der den Stein nicht geworfen hätte, vielleicht dann alles ganz anders herausgekommen wäre. Der Höhepunkt kam dann am dritten Tag, ich weiß es noch genau, es war an einem Samstag, da hatten sich ein paar hundert Personen um diesen Laden herum versammelt, vor allem eigentlich Halbwüchsige und sogar Kinder. Ich erfuhr dann von Leuten, die es mir zutrugen, daß Lehrer ganze Schulklassen aufhetzten, daß die Schüler richtig aufgeschürt wurden, und das war doch für die Kinder interessant, die machten sich einen Sport und Spaß daraus. Ich weiß nicht, ob man das alles erzählen soll, aber die haben es mir schwer gemacht. Die Fensterscheibe war kaputt, sie spuckten darauf. Wir mußten sie jeden Tag abwaschen. Man hat uns sogar andere schöne Sachen in Pakete eingemacht vor die Türe gelegt. Man pißte ins Schlüsselloch, man hat uns in anonymen Briefen Mordandrohungen geschickt, vor allem gegen meinen Mann, in erster Linie gegen ihn, aber auch mich haben sie nicht geschont, aber ich spürte, daß alles eigentlich gegen ihn ging. An mir ließen sie dann aber die Wut aus, weil sie nicht so recht an ihn heran kamen. In dieser Zeit, als es dann so los ging, tauchten Freunde auf von der Singgruppe Basel, ein paar Genossen, große, stämmige Büetzer, und ich war glücklich, daß sie da waren. Ich telefonierte dann der Polizei: Da ist Frau Woog, sie müssen kommen, man bedroht mich und auch den Laden, und sie lachten und sagten so so und nahmen das gar nicht ernst. Sie wollten natürlich gar nicht. Ich meine sonst sind sie ja auch immer gekommen wegen politischen Sachen. Ich hatte also nie Hilfe von der Polizei, was hinten herum gegangen ist, weiß ich nicht. Diese Provokationen gingen also einige Tage. Die Vehemenz und die Hartnäckigkeit hielt hin bis Ende Jahr, bis ich total liquidieren mußte. Das Schlimme war eigentlich das: als ich sah, daß die Polizei nichts machte, kam der Rechtsanwalt Dr. Schmutziger zu mir, der hatte seine Praxis dort, vis à vis vom Bezirksgebäude. Er sagte zu mir, Lydia du mußt etwas machen, das geht doch nicht. Da antwortete ich ihm, daß ich froh wäre, wenn er für mich beim Staatsanwalt Klage gegen Unbekannt einreichen würde. Ich wußte ja den Namen von diesem Mann, der den Stein geworfen hatte nicht. Da sagte Dr. Schmutziger, ja, das werde er machen. Es ging aber keine Woche da kam er und sagte, hör, ich muß dir das Mandat zurückgeben, man bedroht mich. Er hatte es einigen in der SP gesagt, er war in der SP, er habe Drohungen erhalten, er zeigte mir dann einige Briefe, die er erhalten hatte. Er sagte, es tue ihm wahnsinnig leid, er kennt mich jetzt schon seit ich ein junges Mädchen war, ich werde ihn sicher für einen schlechten Kerl halten, aber er könne es nicht machen, er werde so bedroht. Ich erhielt dann auch nie etwas vom Gericht, keine Antwort, nichts. Ich war also eigentlich wie Freiwild. Die Polizei machte nichts, schaute zu. Es beschützte mich einfach niemand. Die Leute, meine Bekannten, sagten dann immer, du mußt doch nicht gehen, du mußt dich doch wehren. Aber wie kann ich mich wehren, wenn ich dastehe wie Freiwild. Wie sollte ich mich wehren können? Ich war eine Frau, die ein Geschäft führte mit einer Angestellten, und dieses Fräulein Greti übrigens war mit mir wie eine Schwester, sie benahm sich fabelhaft, sie hatte überhaupt keine Angst, gar nichts, sie stand zu mir.

Als ich den Laden dann aufgeben mußte, war das nicht nur der Verlust meiner Existenz, ich mußte auch noch aufgenommenes Geld zurückbezahlen. Alles kam dann Schlag auf Schlag. Alle hatten Angst sie bekämen ihr Geld nicht mehr. Zuerst hatte ich versucht etwas Zeit zu gewinnen. Ich nagelte Bretter vorne ans Schaufenster, damit das Glas nicht zerbröckelte. Ich sah dann aber, daß alles nichts nützte. Die Hysterie lief so auf Hochtouren. Sie machten dann auch eine ziemlich große Demonstration gegen das Haus in dem wir wohnten. Ich hatte dort große Sorgen, daß ich auch noch meine kleine Dachwohnung, wo ich jetzt schon 37 Jahre wohne, verlieren könnte. Ich hatte einen anständigen Hausmeister, der uns wegen dem Politischen nie plagte. Er war immer sehr korrekt, wir waren auch korrekte Mieter. In unserem Haus wohnen mehrere jüdische Familien, fromme Juden, die waren auch sehr korrekt zu uns. Im Haus spürte ich also keinen Haß, gar nichts, im Gegenteil, die Frau im Parterre, Frau Studer mit den Büsis, die mochte uns gut, weil wir auch Katzenliebhaber waren, sie schloß also die Haustür und sagte dem manifestierenden Pöbel, daß Woog's nicht mehr in diesem Haus wohnten, daß sie ausgezogen seien und daß es gar keinen Sinn habe zu randalieren. Die hatten nämlich schon die Hausglocke hinuntergerissen, hatten auf die Hausmauer mit roter Farbe «Mörder» geschrieben. Also auf zürichdeutsch gesagt, sie taten wie die Säue. Wie man uns später sagte, hatten sie auch einen riesigen Holzbalken bei sich und einen Galgen, auf dem stand, eben, den Woog sollte man aufhängen. Die Kampagne gegen Ecki und mich lief so auf Hochtouren, daß ich es heute gar nicht glauben kann, daß in einer Stadt, wir sind ja beide Stadtzürcher, ich ging hier zur Schule, ich habe diese Stadt gern, ich fühle mich als Zürcherin, daß plötzlich, man kann sagen über Nacht, wegen einem politischen Ereignis von dem wir eigentlich gar nicht tangiert waren, aber einfach weil wir Kommunisten waren, wurden wir die Opfer. Ich erhielt dann Drohtelefone: dich machen wir fertig. Ich möchte diese Ausdrücke gar nicht wiederholen, das war unter dem Nullniveau wie sich die aufführten. In den Läden, wo ich einkaufte schon seit so vielen Jahren jeden Tag, wo man sich sah, miteinander redete und lachte, hieß es plötzlich, Frau Woog, wir bedienen sie nicht mehr. Die einzige Frau, die ganz tief empört war, war die Bäckersfrau, eine junge, nette und die war so empört über das, was man mit mir machte, daß sie eines Tages sagte, also Frau Woog, wenn das nicht aufhört, versteck ich sie in meiner Backstube. Das stellte mich wieder auf, daß es in diesem Tohuwabohu noch Menschen gab, die nicht ganz den Kopf verloren. Auch meine Milchfrau, bei der ich seit Jahren die Milch holte, wurde unter Druck gesetzt, man sagte ihr, sie solle mich nicht mehr bedienen, sonst werde sie schon sehen, was mit ihr passiere. Ich erfuhr dann auch, mein Mann hatte mir nie etwas erzählt, aber ich weiß es von Kondukteuren, die ich kannte und die bei der SBB arbeiteten, daß man Ecki im Zug tätlich angegriffen hatte, daß man ihn aus einem Coupé hinausgeworfen habe. Ein Kondukteur habe ihn dann in ein anderes Abteil geführt und ihm gesagt, daß er dafür sorge, daß er nicht belästigt werde. Mein Mann hat sich eigentlich nie beklagt, er hat nie etwas gesagt, aber ich war empört. Ich mußte dann schauen, daß ich mich mit meinen Fabrikanten arrangieren konnte. Ich hatte viele offene Rechnungen. Ich kannte einen Genossen, Fritz Rüegg. Er hat mir dann Geld gegeben, damit ich diese Leute ausbezahlen konnte. Ich wollte nicht in Konkurs kommen. Dabei haben mir viele Bekannte gesagt, ich sei schön dumm, daß ich bebezahle. Viele fanden auch, wir sollten doch einfach weggehen von Zürich. Das habe doch keinen Sinn.

Für uns ging jedenfalls dieser Kalte Krieg fast 10 Jahre lang. Das hat uns schon geprägt. Ich habe auch sehr viele Enttäuschungen erlebt in dieser Zeit. In meinem Leben gibt es ein Vor-56 und ein Nach-56. Ich hatte sehr enge Freunde, die plötzlich keine Zeit mehr hatten und nicht wußten, wie sie sich verhalten sollten. Ich verachte niemanden, der kein Held ist, aber ein bißchen Zivilcourage sollte doch jeder haben. Deshalb war ich dann auch so froh, daß eigentlich fremde Menschen, Leute, die ich nicht kannte, sich so anständig benommen haben. Ich konnte dann alles wie man sagt anständig liquidieren. Das war natürlich ein großer Schaden, weil ich nachher ja dann die Darlehen zurückgeben mußte. Als ich dann den Schlüssel abgegeben hatte, es war gerade zwischen Weihnachten und Neujahr, da kam mir alles wieder in den Sinn, wie die Bundespolizei gekommen war, als die Partei verboten wurde, im 40, und der Krieg kam, wie sie eintrafen mit Lastwagen und Detektiven, ich glaube es waren 15 oder 17 Personen, die da gewütet haben, alles ausräumten, die Kasse beschlagnahmten, alles mitnahmen, alles was in dieser Buchhandlung Stauffacher war, die Perteibuchhandlung. Zum Schluß standen nur noch die leeren Gestelle im Laden und das alles kam mir wieder in den Sinn. Ich hätte nicht geglaubt, daß so etwas wie im 40 noch einmal vorkommen würde in unserem Land. Ich hatte x-Diskussionen gehabt und immer gesagt, bei uns gibt es keinen Faschismus, und jetzt mußte ich sehen, wie das Ungarn-Ereignis einen ideologischen Umschwang brachte, in kürzester Zeit. Selbst in der Illegalität während dem Krieg hatten wir so etwas nie erlebt. Im Gegenteil, damals war die Bevölkerung unseren Genossen gegenüber sehr wohlwollend, aber im 56 passierte genau das Konträre. Daran waren auch die Genossen in der SP nicht ganz unschuldig. Es war nicht nur die Neue Zürcher Zeitung unter damaliger Redaktion von Dr. Bieri, die die Hexenjagd mit diesen schandbaren Artikeln von Bieri gegen uns eröffnete; auch die SP-Presse lief in diesen Stapfen. Und die NZZ hatte also großen Erfolg mit ihrer Kampagne gegen uns. Das schlimmste am Ganzen waren eigentlich diese Schulklassen, die sie gegen uns aufhetzten. Das alles ist ein schwarzes Kapitel in unserer Stadt. Es ist eigenartig, in diesem Zürich sind sie immer so scharf. Ich habe umgekehrt nie etwas davon gehört, daß man zum Beispiel den Frauen von Fröntlern oder Nazis jemals etwas gemacht hat. Deshalb war ich so erstaunt, und ich bin heute auch überzeugt, daß es eine gezielte Sache war.

An einem Samstagnachmittag hat mich Ecki ins Kino eingeladen. Wir waren aber etwas früh, und ich hatte Lust auf einen Kaffee; da gingen wir ins Café Litteraire hinter dem Hotel Gotthard. Es war ganz voll. Wir setzten uns also, vis à vis saß eine Gruppe von Männern, ich stufte sie als Vertreter ein, so der Genre Heftlivertschuuter und die riefen plötzlich: Hoi, dort die Moskowiter, hau ab, Moskau einfach und die Lydia kann auch gleich mit, nach Sibirien. Die andern Gäste schauten uns nur so an und ich war ganz platt, sagte mir, was ist denn da los, und da stand einer von denen auf und begann wie ein Wahnsinniger die Internationale zu singen «Wacht auf, Verdammte dieser Erde!». Da sagte ich zu Ecki, du, die spinnen ja, komm wir gehen wieder und Ecki stand auf und wollte gehen. Aber ich fand dann, ich geh jetzt nicht einfach so hinaus ohne etwas zu sagen und ging auf den los, packte ihn an der Krawatte und sagte ihm: hör mal, ich sag dir jetzt etwas, wenn du schon so ein Winkelried bist und dich so dick aufführst, komm mal nach draußen, dann reden wir miteinander, wenn du Mut hast. Die andern wurden mäuschenstill. Da sagte ich noch: überhaupt, wieso kannst du die Internationale, du warst mein ich auch mal bei uns? Der war so platt, daß er gar nichts mehr sagte. Ich hielt ihn immer noch an der Krawatte, er hörte dann auf zu singen und wollte faul spritzen und ich: jetzt kommst du aber hinaus, wenn du Mut hast, kommst du mit; aber er kam nicht und alle sagten, lassen sie diesen Mann los und so! Die Serviertochter wollte gerade tippen, vor Schreck blieb sie mäuschenstill und bewegte sich nicht mehr, es war wie in einer Stummfilmszene, alle schauten uns an und wußten überhaupt nicht was da vorging und der andere, der die Internationale aus vollem Hals gesungen hatte, ist ganz kläglich verstummt und kam dann nicht hinaus.

Wenn ich an meinen Mann denke, er saß wochenlang, monatelang im Gefängnis, es ging gar nichts, sie ließen ihn einfach hocken und sagten, das sei Präventivhaft. Darüber könnte man auch vieles erzählen, das begann im Krieg, als wir illegal wurden. Als er Nationalrat war und in Bern übernachten mußte, gaben sie ihm oft kein Hotelzimmer. Wie gesagt, der Druck hat jahrelang gedauert, anonyme Briefe, Mordandrohungen, Telefone. Das ist ein ganz schlimmes Kapitel die Telefone. Das hat dreizehn Jahre gedauert. Dreizehn Jahre lang hat mir jemand ständig telefoniert, letzten Januar war es zum letztenmal, vielleicht ist der Betreffende gestorben. Auf der Telefondirektion haben sie immer gesagt, man könne nichts machen. Einmal hat er den Auftrag gegeben beim Weckdienst, man solle mich ein Jahr lang jede Stunde, die ganze Nacht durch, wecken. Das haben sie dann aber abgestellt.

Dazwischen war manchmal drei bis vier Monate Ruhe, dann fingen die Anrufe mit Vehemenz am Todestag meines Mannes, 20. Juni 1973, wieder an bis zu 50–70 mal, Tag und Nacht.

Was die Ereignisse in Ungarn betrifft fanden wir alle, alle Genossen, die das diskutierten, eine schlimme Sache. Ich selber schaute das als Konterrevolution an, ich glaube, daß dieser Aufstand vom Gegner gemacht wurde. Ich weiß eigentlich nicht wieso man hier so scharf darauf reagiert hat, wenn ich daran denke, was alles schlimmes passiert ist seit damals, an anderen Orten, und es hat sich nie kein Mensch so aufgeregt. Für mich persönlich war das von Anfang an eine Konterrevolution, und ich bin heute noch davon überzeugt.

Ich möchte noch einige Bemerkungen machen was das Ganze für die Partei bedeutet hat und auch für andere Organisationen, die rund um unsere Bewegung stehen. Die Bourgeoisie hat, auch mit Hilfe der Sozialdemokraten, die ganze Geschichte so hochgespielt, daß es uns natürlich tief getroffen hat. Deshalb war ich ja auch menschlich enttäuscht, weil viele Genossen die Bewegung unter diesem Druck verlassen haben. Ich würde sagen es war hauptsächlich die Angst, die die Leute aus der Bewegung geworfen hat, das Politische kam erst in zweiter Linie. Diese schreckliche Angst... es war direkt wie eine Psychose. Man sagte, wir verkehren doch nicht mehr mit Kommunisten, und die machen wir jetzt fertig. Und vielleicht hat sich auch mancher, der von uns fortging, nachher geschämt und kam vielleicht nicht mehr zurück weil er... eben ja! Die Partei selber war sicher auch überrascht, sie hatte nicht einen solchen Druck erwartet. Ich meine, sie hatte auch nichts zu lachen, das ist ja klar. Aber ich rede jetzt von der Partei als «sie», aber das sind wir ja alle. Wir alle wurden getroffen und wie immer, das hab ich auch in der Illegalität erlebt, es ist ein Kern von Menschen, der immer standhält, und es sind andere, die leider dem Druck nicht standhalten. Aber ich glaube, das ist immer so im Leben.

Die Partei kam natürlich sofort zusammen und gab eine Stellungnahme heraus, machte eine Analyse. Ihre Haltung war ganz klar und deutlich. Sie sagte auch, was ich selber dachte, daß es eine Konterrevolution war, und wenn man wie gesagt die Ungarn-Flüchtlinge sah... Ich mußte immer staunen wie man diese Flüchtlinge aufnahm und unterstützte, und wenn man dann später sah, wie die Chile-Flüchtlinge aufgenommen wurden... Etwas was mich auch sehr betroffen hatte, war diese Schweigeminute, die sie an einem schönen Tag machten oder waren es drei Minten? Wir mußten den Laden schließen, sie kamen schauen, ob wir nicht verkauften während diesen drei Schweigeminuten. Während diesen Schweigeminuten dachte ich an Spanien, während dem Bürgerkrieg, Guernica und überall... und als die Spanienkämpfer nach Hause kamen mußten sie ins Gefängnis. Für Spanien wurde auch nie eine Schweigeminute gemacht. Das hat mich auch sehr betroffen. Ich fand es sei noch schlimmeres passiert in der Welt für das man eine Schweigeminute hätte machen können.

Als es bei uns auf dem Höhepunkt war, verließ ich also den Laden. Die Freunde von Basel sagten mir es werde brenzelig, ich müsse einen Taxi nehmen, sie fanden dann auch tatsächlich einen, der hatte das Courage mich zu holen. Es war eine ziemlich unliebsame Situation. Ohne diese Genossen von der Basler Singgruppe, die mich abschirmten, wäre ich nie in den Taxi hineingekommen. Der Chauffeur war mutig, er machte nicht schlapp, er fluchte nur ein wenig wegen den Steinen, die geworfen wurden. Es hatte ein paar hundert Personen, die neugierig gafften.

Dieses 56 hat bewiesen, daß die heile Schweiz nur auf der Postkarte existiert und es ist eigentlich ganz gut, wenn die Jungen das wissen. Und daß die Jungen auch wissen, daß wir älteren den Kampf geführt haben, wenn sie daraus lernen und sehen, daß alles auch kein Honigschlecken war. Ich habe eine große Lehre aus diesen Ereignissen gezogen.

Als ich dann den Schlüssel zu meinem Laden abgeben mußte; den Laden noch einmal herausputzte, bewegten mich viele Gedanken; die Leute gingen zur Kirche bei St. Jakob drüben, da hab ich mir auch meine Sachen hinzugedacht. Der Hausmeister war eigentlich ein bescheidener und anständiger Mensch. Er hieß Scheidegger. Als er mir kündigte, weinte er fast. Er sagte, Frau Woog, ich kann sie nicht mehr halten, sie drohen mir, sie zünden mir die Schreinerei an. Er war schon ein älterer Mann und schrieb mir per Chargé die Kündigung. Wir sagten dann, Ecki und ich, wir lassen uns aus unserer Stadt nicht vertreiben, wir bleiben hier. Nur den Laden mußte ich halt aufgeben.

Ecki blieb bei all dem sehr ruhig. Er konnte auch leidenschaftlich sein, aber hier blieb er ruhig. Ich mußte ihn eigentlich bewundern, wie er das ziemlich gelassen über sich ergehen ließ. Ich selber litt darunter, aber ihm merkte man nicht viel an. Ich kannte ihn gut, und ich merkte schon an gewissen Anzeichen, daß es ihn getroffen hatte, aber er hat sich nie beklagt. Er regte sich eigentlich nie auf, außer in politischen Sachen wegen der Partei, da konnte er schon auch auf den Tisch schlagen. Er sagte einfach, schau, wir haben jetzt eine schwierige Zeit, wir müssen das durchstehen. Und wir haben es beide gemeinsam durchgestanden.

«Da war man schon isoliert, wenn man nur den Mund auftat, wenn man es nur wagte, irgend etwas anzuzweifeln.»

Amalie Pinkus, Buchhändlerin, geboren 1910:

Ich glaube das Ganze fing an mit einem Artikel in der NZZ, in dem Koni und Theo erwähnt waren, es stand, die beiden hätten es vorgezogen, in der DDR die Ereignisse abzuwarten. Dabei war Theo in Zagreb, was alle Schweizer Verleger wußten, da er sie dort vertrat. Er kam dann allerdings über die DDR wieder zurück. Aber in der schlimmsten Zeit, da war er in Zagreb. Es war eine Buchmesse. Es kam aber nie ein Dementi, obwohl die genau wußten, daß er da war. Ich selber arbeitete damals in unserer Buchhandlung.

Zwei Monate vorher waren wir in Ungarn, und als wir zurückkamen, erzählte unser Kleinster in der Schule von den Störchen, die er dort gesehen hatte. Es gefiel ihm in Ungarn so, daß er am liebsten dort geblieben wäre. Und dann passierte also das. Wir hatten eigentlich alle Angst. Ich auch, zum erstenmal in meinem Leben hatte ich richtig Schiß. Heute, wenn ich zurückdenke, muß ich sagen, daß es vielleicht nicht so schlimm war, aber damals, wenn man daran denkt, daß ich allein war, mit drei Kindern. Am Abend, zum Beispiel, hatte ich richtig Angst nach Hause zu gehen. Obwohl ich eigentlich sonst gar nicht ängstlich bin.

Unser Aufenthalt in Ungarn war ganz privat, ein Ferienaufenthalt. Wir gingen mit Moped und Anhänger und André mit dem Velo. Wir diskutierten dann oft mit Genossen. Man merkte, daß etwas in der Luft lag. Sie kritisierten vieles, einfach was es zu kritisieren gab. Später hörten wir dann monatelang nichts mehr von ihnen. Wir bekamen wieder Angst, wir waren doch richtig befreundet mit ihnen. Wir fragten das Rote Kreuz an, ob man nicht irgendwie Bericht haben könnte von unseren Genossen. Aber wir erhielten nie eine Nachricht in jener Zeit, nie. Dabei lebten die dort und man hätte sie jederzeit aufspüren können. Erst nach 6 Monaten erhielten wir wieder Nachricht. Unsere Genossen waren teilweise zu Beginn am Aufstand beteiligt. Es waren fast alles jüdische Freunde. Aber das stellten wir erst später fest. Sie hatten mehrere Male Schwierigkeiten im eigenen Land, als dann die Faschisten wieder ziemlich frech wurden. Die Kämpfe selber waren sehr widerspruchsvoll. Einerseits machten unsere Genossen mit in der Hoffnung, daß man einiges ändern könnte, andrerseits merkten sie, daß die Faschisten da sind, die versuchten, die Situation auszunützen. Sie waren also sehr vorsichtig. Wir haben einen Brief, in dem einer der

Genossen alles ziemlich genau beschreibt. Er hat das wunderbar geschildert.

In Zürich hatten wir ständig Angst um unsere Freunde. Wir horchten auf alle Nachrichten. Wir wunderten uns, daß sich das Schweizer Radio plötzlich so für diese Freiheitskämpfer einsetzte, während sie sich doch in Spanien und an anderen Orten alles andere als für die Freiheitskämpfer einsetzten. Für unser Radio waren das also alles auf einmal Freiheitskämpfer. Das kam mir sehr verdächtig vor. Die Kinder wurden in der Schule verfolgt. Der Kleinste rief mich manchmal in der Nacht und fragte mich, ob das stimme, daß die Kinder Handgranaten werfen. Das hatten sie ihm in der Schule erzählt. Oder sie rannten ihm nach und riefen, der Kommunismus renne davon. Der Jüngste erhielt einen Schock in dieser Zeit. Er mußte dann die zweite Klasse wiederholen und ich schickte ihn zur Erholung, weil ich das Gefühl hatte, daß er unter dieser Situation litt. Eigentlich hat er das nie ganz überwunden. André mußte in der Schule einen Aufsatz schreiben: «Warum helfen wir Ungarn?» Da hat er einen provokativen Titel geschrieben: «Warum helfen wir nicht Ungarn!» Das war in der Sekundarschule und da sprang einer sofort nach vorn zum Lehrer und sagte, der André habe den Titel abgeändert. Am Examen las ich dann einige dieser Aufsätze, da standen grauenhafte Sachen, von Kindern, die schrieben, was sie zu Hause gehört hatten, von Kommunisten, die man alle umbringen sollte. Also ganz schlimm, wie von Nazikindern. Andrés Aufsatz kannte ich auch nicht, ich las ihn und sah, daß er genau das beschrieben hatte, was wir mit unseren Genossen in Budapest diskutiert hatten. Das heißt, er schrieb es natürlich so, wie er es mit seinen 14 Jahren verstanden hatte. Er versuchte ganz komplizierte Sachen zu erklären. Ich machte ihm sogar einen Vorwurf, ich sagte ihm, warum sollen wir den Ungarn nicht helfen. Wir helfen den Genossen, die wir kennen. Das tun wir schon. Dafür hättest du den Titel nicht abändern müssen. Aber er hat das einfach aus Empörung gemacht, aus Protest. Er hatte einen relativ anständigen Lehrer, der keine Sanktionen ergriff wegen diesem Aufsatz. Marco wurde im KV auch sehr angegriffen, er sollte einen Vortrag halten, aber der Lehrer unterbrach ihn ständig und attackierte ihn. Er konnte seinen Vortrag überhaupt nicht halten. Ich weiß das Thema des Vortrages nicht mehr genau, aber wahrscheinlich war es auch über Ungarn. Es war für ihn etwas ganz offenes, zu dem er seine Meinung sagen wollte, weil er noch die Illusion hatte, daß er frei seine Meinung sagen könnte.

Ich hatte immer Angst, wenn die Kinder in der Stadt waren. André hatte damals seinen Töff, da wußte ich nie recht, ob er gerade mit seinem Töff irgendwo gelandet war, oder ob er aus politischen Gründen irgendwo ... verhaftet worden sei oder so. Einmal kam er nachts um zwei nach Hause und erzählte uns, daß sie in der Stadt diskutiert hätten mit den jungen Leuten, die auf unsere Fensterscheibe in der Buchhandlung «Mörder!» geschrieben hatten. Ich weiß aber nicht, ob die Diskussion etwas genützt hat.

Ja, den Schwur haben wir natürlich erlebt. Die haben doch in der Uni einen Schwur gehalten, in der Aula, «Niemals vergessen» war das Motto. Sie wollten niemals mehr mit einem Oststaat irgendwelche Beziehungen unterhalten. Diesen Text sollte man eigentlich wieder nachlesen. Das war aber so viel ich weiß nur in Zürich. Es fand einige Monate später statt. Theo war jedenfalls schon wieder hier.

Ich war ja nicht in der Partei, ich war in der SP. Früher war ich in der Kommunistischen Partei gewesen, noch bevor ich Theo kannte, ich war sogar in der Parteileitung. Doch eines Tages haben sie mich gestrichen, wie wenn ich niemand wäre. Das empörte mich damals wahnsinnig.

Der einzige Mensch, der in dieser schlimmen Zeit zu uns kam war Franz Schuhmacher.[1] Er war Student und verdiente sich sein Studium teilweise mit Taxifahren. Fast alle zwei Tage kam er vorbei und hat uns fast ein wenig, ja, ermutigt. Wir haben einfach mit ihm diskutiert, was wir sonst mit niemandem tun konnten. Ich war in meinem ganzen Leben noch nie so isoliert wie in jener Zeit. Für die Partei war ich uninteressant, für die SP eigentlich auch, was mich nicht weiter verwunderte, aber auch persönlich... in unserer Bau-Genossenschaft, obwohl sich unsere Genossenschaft, in der wir wohnen, sehr anständig benommen hat. Der Abwart hat mir 6 Monate später erzählt, daß sie Sprechchöre machen wollten gegen uns, und daß er das abgestellt habe, und daß sie im Vorstand uns aus der Wohnung werfen wollten, daß darüber geredet wurde, aber daß die Mehrheit dagegen war. Da waren SP-Leute, aber auch ehemalige Kommunisten darunter, also ziemlich linke Leute. Sie waren anständig in dieser Beziehung. Ich hörte also nie etwas an Lärm und so. Wenn ich die Haustür öffnete waren alle in ihren Wohnungen, ich hörte nie jemanden, ich habe auch nie jemanden angetroffen. Im Lebensmittelgeschäft wurde ich immer bedient, ganz normal, aber es hat einfach niemand mit mir geredet. Sie machten einen Bogen um mich. Wenn ich ihnen im Treppenhaus begegnete, gingen sie wieder in ihre Wohnungen zurück, sie waren dann für mich einfach nicht mehr da.

Eine Zeitlang hatten wir dann Telefonanrufe zu jeder Tages- und Nachtzeit. Einmal telefonierten sie, sie wollten Theo aufhängen, ob er noch nicht da sei; ein ander Mal, daß sie die Buchhandlung in Brand setzen werden. Da rief ich die Polizei an. Ich sagte, daß Leute, die ein Haus anzünden wollten meistens vorher nicht telefonierten, aber ich möchte sie – die Polizei – immerhin vorher informieren, auch wenn

[1] Franz Schuhmacher, Rechtsanwalt, SP-Kantonsrat in Zürich.

die betreffenden Drohungen eventuell nicht wahrgemacht würden. Ich war noch sehr ruhig am Telefon, aber ich hatte Angst. Ich hatte auch Angst um Theo. Ich sagte mir, daß er sicher ahnungslos aus der DDR nach Hause kommen würde und genau so war es. Er hatte überhaupt keine Ahnung, was sich in seiner Abwesenheit in der Schweiz abgespielt hatte.

Uns ist eigentlich niemand helfen gekommen, im Gegenteil, unsere Buben gingen zu Martha, um ihr zu helfen. Ich hatte auf Grund meiner persönlichen Erfahrungen von früher eigentlich auch gar keine Hilfe erwartet. Und Theo war ja wie gesagt gar nicht hier in der schlimmsten Zeit. Später, nach einigen Tagen, klang es ja dann ab. Die Partei selber wurde ja auch verfolgt, alle wurden verfolgt. Ich nahm es eigentlich gar niemandem übel, daß man uns nicht helfen kam, den anderen ging es ja zum Teil noch dreckiger als uns. Bei uns blieb es bei Drohungen, während sie bei Martha die Tür einschlugen. Das haben wir nicht erlebt. Die Kinder haben ziemlich Schlimmes erlebt in der Schule, das sie ziemlich bedrückt hat und natürlich auch mich hernahm, und ich war auch nicht sehr mutig, muß ich sagen. Ich ging einfach weiter arbeiten in der Buchhandlung und da möchte ich sagen, die Angestellten haben sich ganz toll benommen. Sie bewachten nachts den Laden, und mich schickten sie nach Hause, ich solle die Kinder nicht allein lassen, sagten sie. Es spitzte sich dann so zu in jener Woche. Nachts wechselten sie ab für die Bewachung, ich glaube, zwei blieben dann die ganze Nacht. Ganz undramatisch setzten sie sich einfach ein. Es gab ja niemand Anweisungen. Ich selber wäre nie auf diese Idee gekommen. Der Vorschlag kam von ihnen. Es war eine gute Stimmung in der Buchhandlung. Es wurde gearbeitet wie wenn nichts passiert wäre. Am andern Tag, nach der schlimmen Nacht, machte eine meiner Kolleginnen die Inschrift vom Schaufenster ab, «Mörder!». Als ich am Morgen kam, war sie daran, es wegzuputzen. Es waren gar nicht alles politische Leute in der Belegschaft, aber die Unpolitischen waren genau so solidarisch. Überhaupt, keiner war in der Partei, kein einziger, damals. Sie blieben alle ganz ruhig in diesen Tagen und keiner verlor den Kopf. Wir erhielten dann aber die Kündigung, der Hausbesitzer warf uns aus dem Laden. Dann sind wir umgezogen an die Froschaugasse. Wir hatten zuerst große Schwierigkeiten etwas zu finden. Wir glaubten schon, wir müßten jetzt aufs Land ziehen, um den Buchhandel weiterführen und existieren zu können. Wir hatten ja kein Geld. Dann fragte Theo die Gewerkschaft, wo er seit über 40 Jahren Mitglied war, den VHTL.[1] Am 1. Mai hat er den Kassier angehauen. Sie haben dann für die Hypothek Geld geliehen, und wir mußten einen Zins bezahlen, aber weniger als vorher unserem Hausbesitzer. Es wa-

[1] VHTL, Verband der Handels-, Transport- und Lebensmittelarbeiter.

ren sehr anständige Bedingungen, überhaupt, die ganze Sache war sehr anständig von der Gewerkschaft. Es war natürlich auch kein großes Risiko, überhaupt nicht, der Boden ist ja das Wertvolle, nicht das Haus, das ist überhaupt nichts wert.

In jener Zeit war ich schon in der SP. Als damals die KP illegal wurde, haben sie am Winterthurer Parteitag gesagt, man könne Kommunist bleiben und in die SP eintreten. Das war also so ein Beschluß. Deshalb bin ich eingetreten. Theo übrigens auch. Er war ja aus der Partei ausgeschlossen worden; ich war nur gestrichen. Bei ihm ging es dann sechs Monate bis ihn die SP aufnahm. Bei mir auch, aber nur wegen ihm, weil sie Schiß hatten. Sie wollten einfach nicht. Gewisse Leute hatten es halt doch nicht so gern. Sie schlossen ihn ja dann auch wieder aus. Er war nicht tragbar. Er hatte 1948, als die Tschechoslowakei eine Volksdemokratie wurde, dies auf einem Kongreß in Dresden gleich nachher begrüßt. Da wurde er bei uns auch in den Zeitungen herumgeschleikt. Auch die SP wurde deswegen angegriffen. Er war damals zufälligerweise Bücher kaufen gegangen in Prag. Er kannte doch so viele Leute dort. Die Dresdener Freunde sagten ihm, er solle ein paar Worte sagen, was er meine zur Situation. Da hat er ganz harmlos seine Freude darüber ausgedrückt. Aber ich weiß nicht mehr genau, was er gesagt hat, ich habe es ja nie gehört. Sicher einfach seiner Meinung entsprechend. Er ist ja für den Sozialismus, wir sind ja alle für den Sozialismus. Die «Neue Zürcher Zeitung» hatte das schon am nächsten Tag gebracht und gesagt, eben ... und dann sofort die SP angegriffen und die haben auch prompt reagiert. Sie brauchten aber einige Zeit, bis sie ihn ausschließen konnten. An der Monatsversammlung hatten sie es versucht, aber es ging nicht. Die Mitglieder fanden, ja nein, der Pinkus ist doch interessant, der belebt unsere Versammlungen, den können wir schon verkraften. Daß er in Dresden geredet hatte, fanden sie nicht so schlimm. Dabei waren es gar nicht so Linke, diese Mitglieder, es waren viele Arbeiter, aber vielleicht gerade weil sie Arbeiter waren. Dann kam aber Humbert-Droz,[1] der schon beim Ausschluß Theos aus der KP mitgewirkt hatte und sagte: sehr gefährlich, daß der Theo immer so nach der DDR ginge. Und dann zeigte er eine gefälschte Foto, d. h. sie war nicht eigentlich gefälscht, aber es sah so aus, wie wenn Theo bei der Roten Armee wäre. Damals hatte es in Berlin so Vorführungen von einem russischen Armeechor, und da ging Theo hin und wurde fotografiert. Das wollte Humbert-Droz als Beweis bringen, daß Theo mit den Russen zusammen war. Dabei

---

[1] Jules Humbert-Droz, in den zwanziger Jahren Sekretär der Kommunistischen Internationale in Moskau. Nach 1936 Sekretär der KPS, 1943 ausgeschlossen, später Sekretär der SPS, zuletzt Redaktor der «Sentinelle» in La Chaux de Fonds.

war er einfach ein Besucher dieses Konzerts. Humbert-Droz stellte ihn dann so halb als Spion hin. Es sei nicht zufällig, daß er immer in die DDR ginge und dann ist es ihm auch gelungen, Theo auszustoßen, aber nur ganz knapp. Das war dann an einer neuen Versammlung.

Um auf die Ereignisse in Ungarn zurückzukommen. Wir sahen damals eigentlich nicht oder noch nicht sehr klar, was genau passiert war. Wie gesagt, das Schweizer Radio war für uns nicht sehr überzeugend. Aber wir waren auch für eine Änderung und zwar nicht so, daß der Sozialismus abgeschafft würde, und das wollten natürlich unsere Freunde auch nicht, obwohl, die waren 5 Jahre im Gefängnis in Ungarn, unter Horthy früher, als sie noch junge Leute waren und wir sie hier dann, als sie aus dem Gefängnis kamen, da in Zürich kennenlernten, dann nach dem Umsturz gingen sie zurück und nach einer Zeit saßen sie wieder im Gefängnis unter den Kommunisten, und sie selber waren Kommunisten. Einer schildert... sie hatten die gleichen Gefängniswärter, zuerst unter einem und dann unter dem andern Regime; das waren immer noch die gleichen Wärter. Einer unserer Freunde erzählte uns später, wie er mit einem dieser Wärter diskutiert hatte, wie der immer auf ihn eingeredet hätte, er solle doch gestehen, das sei doch ein Blödsinn, nicht zu gestehen. Einer nach dem andern wurde in dieser Zeit erschossen. Da legte er wirklich ein Geständnis ab. Er sagte, eine Formel hätte er ins Ausland gegeben, er war Architekt, und als er dann herauskam, konnte er nachweisen, daß diese Formel in jedem Schulbuch stand, aber die im Gefängnis, die ihn verhörten, hatten nichts davon gemerkt. Aber ihm hat es jedenfalls genützt. Und er war nicht der einzige, der im Gefängnis gesessen hatte und trotzdem Kommunist geblieben war.

Was unsere Ereignisse in der Schweiz betrifft: ich verglich das mit früher, mit der Zeit des Spanischen Bürgerkrieges oder mit den Nazis. Da konnten wir sammeln oder reden mit den Leuten, wir trafen überall auf Sympathien, auch wenn sie nichts gaben, es war niemand da, der uns angegriffen hätte, im Gegenteil, sie fanden, die Kommunisten sollten nur helfen. Bei den Ungarn-Ereignissen war das vollständig anders. Da war man schon isoliert, wenn man nur den Mund auftat, wenn man es nur wagte, irgend etwas anzuzweifeln. Das Radio und die Zeitungen waren so manipuliert. Die Schweizer sind nicht besser als andere Völker, man kann sie einfach auch beeinflussen, man kann sie manipulieren. Das ist einfach so.

Die gewöhnlichen Leute hier waren fest überzeugt bei Ungarn, das ist ein kleines Land wie wir, da werden diese Freiheitskämpfer verfolgt, das war ja auch entsprechend aufgemacht und das haben sie geglaubt. Sie haben Schokolade gesammelt und Kleider. Unser Jüngster mußte auch Schokolade in die Schule mitbringen, sie mußten auch Kerzen mitbringen, aber keine roten, sondern weiße. Das Rot war ihnen nicht recht. Die Lehrerin verlangte weiße Kerzen, alle mußten weiße bringen. Ich wollte den Kindern keine zusätzlichen Schwierigkeiten machen, deshalb hatte ich nichts gegen die Schokolade.

Wenn man den Brief liest, den unser Genosse aus Ungarn 6 Monate später geschrieben hat, sein erstes Lebenszeichen, wie er das beschreibt, es war eben alles im Fluß, alles ging ineinander. Es war nicht einfach durchzublicken. Wir kannten ja auch Lukacs[1] gut und redeten mit ihm. Er hat uns das auch so geschildert, er war ja in der Nagy-Regierung. Er erzählte, wie er überhaupt nichts machen konnte. Unsere Genossen in Ungarn hatten den Aufstand zuerst als Befreiung empfunden, denn vieles war doch einfach nicht richtig. Es war auf allen ein Druck, wenig demokratische Rechte, und es ging ihnen auch schlecht, wirtschaftlich. Sie hatten es schwer. Sie empfanden den Aufstand zuerst als Befreiung, aber nachher merkten sie rasch, daß die Faschisten wieder kamen. Vor allem weil sie selber Juden waren, hatten sie Angst, daß sie das ein zweites Mal erleben müßten. Ich kenne auch Juden, die deshalb flüchteten. Ich würde die Ereignisse nicht als eine reine Konterrevolution bezeichnen, aber die offizielle Version redet von einer Konterrevolution. Die Leute, die ursprünglich den Aufstand machten, waren vor allem Studenten, in diesem Petöfi-Klub. Theo war schon im Frühling im Petöfi-Klub und erzählte begeistert davon, wie da über alle Probleme diskutiert wurde. Und das hat sich dann zugespitzt. Es war nicht so, daß es vorher ein Freiheitskampf war und daß es dann einen Schnitt gab und es plötzlich eine Konterrevolution wurde, das hat alles ineinandergegriffen. Die einen kämpften für dies und die andern für jenes. Die andern nützten die berechtigte Kritik aus, und dann wurde auch die Grenze geöffnet und alle konterrevolutionären Leute sind gekommen. Da kam einer, wie hieß er, ein Großgrundbesitzer ... aber da schalteten sich die Bauern ein. Daß die Großgrundbesitzer zurückkamen, damit waren die Bauern nicht einverstanden. Budapest wurde während der ganzen Zeit versorgt. Sie hatten nie Schwierigkeiten mit Essen, während der ganzen Zeit. Man kann da verschiedener Meinung sein, aber ich glaube, die Bauern wollten kein anderes Regime. Die Bauern wollten doch ihr Land nicht zurückgeben. Sie hatten auch egoistische Motive. Aber es ist eine Tatsache, daß sie die Stadt nicht aushungerten, was geschichtlich gesehen in ähnlichen Situationen einige Male passierte, als die Arbeiterschaft kämpfte.

Das Bild, das man hier von den Ereignissen gab, wurde eigentlich nie korrigiert, sie hörten einfach auf darüber zu schreiben. Dann gingen immer mehr Leute in die Ferien dorthin, man knüpfte Beziehun-

---

[1] Georg Lukacs, Philosoph und Literaturwissenschafter, Mitglied der ungarischen Räteregierung 1919, nach 1945 Professor, 1956 zum Minister für Volksbildung ernannt.

gen an, und man sah, daß es halt etwas anders war, als geschrieben worden war. Und heute redet doch kein Mensch mehr von «Niemals vergessen», und damals sah es so aus, wie wenn das ein hundertjähriger Schwur gewesen wäre. Die Menschen sind manchmal seltsam.

Heute hätte ich nicht mehr so Angst, wenn wieder so etwas passieren würde. Damals sagte ich mir noch, diese Studenten, das sind alles Herrensöhnchen, es gab ja ganz wenige in einer marxistischen Studentengruppe. Es waren so wenige, verschwindend wenig. Ich meinte einfach, die seien so reaktionär. Bei den Fröntlern gingen ja auch die Studenten mit. Wir hatten einfach schlechte Erfahrungen mit Studenten. Immer wenn gegen die Linken geschlägert wurde, waren es Studentenverbände. Und heute kenne ich viele junge Leute und Studenten, auch aus gutem Haus, die sehen, daß das alles nicht so einfach ist, und ich habe gesehen, daß ein Student nicht auch prompt ein Reaktionär sein muß und daß auch hier ein Wandel kommen kann.

Es ist meiner Meinung nach gut und notwendig über diese Ereignisse zu reden, weil es heute so und so viele Leute gibt, die nachdenken über diese Zeit, weil sie damals jung waren und die Sache heute vielleicht etwas anders beurteilen. Sie waren in der Zwischenzeit hier und da und haben vielleicht gute und schlechte Erfahrungen gemacht, aber sie sehen die Dinge einfach anders, weniger schematisch, wie wir übrigens auch. Sie sahen es vielleicht ein wenig schematisch, aber wir waren auch ein wenig stur. Und der Gegner ist auch vorsichtiger geworden, in den Formulierungen und in allem. Vielleicht hatten sie auch weniger Gelegenheit.

Bei uns gibt es Leute, die meinen, die Partei hätte ihnen helfen müssen. Ich habe das nie gedacht, ich bin eher der Meinung, daß wir die Partei sind und daß wir der Partei helfen müssen, wenn sie angegriffen ist. Das ist aber nicht etwas Abstraktes, das ist ganz konkret, wie zum Beispiel in dieser Buchhandlung, im Literaturvertrieb, wo Bücher verbrannt wurden, aber wir hatten so viel zu tun mit der eigenen, daß ich nicht noch dorthin gehen konnte. Ich ging dann aber hin, am Tag nachher, da sah man noch die Haufen verbrannter Bücher und die Asche.

« In der Schweiz ist es schwer, Kommunist zu sein.»

Werner Lehmann, Bahnarbeiter, geboren 1908:

Von Beruf bin ich Gärtner. Meine Lehre habe ich zu einer Zeit gemacht, in der Lehrlingsschutz noch klein geschrieben wurde. Vor Festtagen mußten wir oft über einhundert Stunden in der Woche arbeiten, so daß wir manchmal stehend am Arbeitstisch einschliefen. Sonst arbeiteten wir so siebzig bis fünfundsiebzig Stunden in der Woche, die Sonntagsdienste inbegriffen. Schon damals muß ich revolutionären Gedanken Ausdruck verliehen haben, die meinen Lehrmeister veranlaßten mir zu sagen, daß Politik nicht für Arbeiter sei. Meine Lehre habe ich mit einem sehr guten Abschlußzeugnis beendet. Kurz nach meiner Lehre habe ich dann in einer Großgärtnerei einen Streik angezettelt. Wir hatten Erfolg. Dann mußte ich in die Rekrutenschule. Nach der Rekrutenschule begab ich mich ins Ausland. Während etwa sechs Jahren trieb ich mich in Nordafrika und dem Süden der Sahara herum. Meistens am Brückenbau. Ich habe mich mit den Eingeborenen immer sehr gut verstanden. Schon damals sagten sie mir, daß sie uns Weiße eines Tages aus dem Land werfen würden. Ich fand, das sei gut so. Ich begann, mir Fragen zu stellen. Zum Beispiel, warum das französische Volk Steuern bezahlen muß für die Armee, die Algerien besetzt hält und was für das Volk eigentlich herausschaut dabei. Warum ein Araber bei gleicher Arbeit vierzehn Franken im Tag verdient, ein Weißer aber über vierzig Franken. Warum die englische Regierung christliche Missionen unterstützt. Warum man nach den Aufständen in Constantine, die ich miterlebt habe, zwei arme Araber köpft, die Schuldigen aber sicher besser anderswo suchen würde. Auch beeindruckte mich die Kultur, die mir ein Negerdorf vorlebte, die, trotz äußerst primitiver Zivilisation, der unsern weit überlegen war. Geld war in jener Gegend praktisch noch unbekannt.

In den dreißiger Jahren kam ich heim nach Zürich, es war während der Krise. Ich suchte Arbeit. Auf dem Arbeitsamt sagte man mir, daß ich als Zugelaufener nicht vermittelt werden könne. Nicht nur, daß man uns Zugelaufenen keine Arbeit vermittelte, man hat uns auch durch städtische Erlasse die Arbeitssuche erschwert. Ich arbeitete also als Gelegenheitsarbeiter. Eine andere Möglichkeit gab es für mich nicht, außer in die Heimatgemeinde abgeschoben zu werden.

An jene Zeit erinnere ich mich kaum noch. Ich weiß nur noch, daß wir uns in jener Zeit manchmal Hühnerfutter kochten, weil es das billigste war, was wir kaufen konnten. Auch an eine größere Transportfirma erinnere ich mich, die uns mit fünfundzwanzig Rappen auf die Stunde entlöhnte. Wir wehrten uns. Aber was wollten wir machen, wir hatten Hunger. Auch erinnere ich mich noch, daß ich einen Polier um Arbeit fragte. Er konnte mir keine geben. Hungrig, wie ich war, bettelte ich bei ihm um ein Stück Brot. Da er keins hatte, wollte er mir einen Fünfziger geben. Ich sagte ihm, daß ich kein Geld annähme und drehte mich um. Ich hatte Tränen in den Augen, teils vor Hunger, teils weil ich mich schämte, gebettelt zu haben. Jene Zeit ist nicht verloren, damals wurde mir bewußt, zu was man uns Arbeiter reduzieren kann.

Später fand ich dann Arbeit als Ausläufer in einer Bäckerei. Auf der Brottour bekam ich Einsicht in das Elend von Familien, deren Väter arbeitslos und ausgesteuert waren. Ich lernte begreifen, was Arbeitslosigkeit für Familien bedeuten kann. Auf meiner Tour kam ich auch das erste Mal in Kontakt mit einem Kommunisten. Was er mir sagte, leuchtete mir ein, und ich besorgte mir einschlägige Literatur. Darunter auch eine gekürzte Ausgabe von «Zur Kritik der politischen Ökonomie» von Marx. Das eröffnete mir eine ganz neue Welt. Ich lernte umdenken. Vorarbeit geleistet hatte allerdings schon Maeterlinck mit seiner Abhandlung über den Tod.

Während des Spanischen Bürgerkrieges trat ich dann der kommunistischen Partei bei. Später, es war schon während des zweiten Weltkriegs, versteckte ich bei mir zu Hause einen italienischen Genossen, Massini, was wohl sein Deckname war. Er hatte in Turin zur Zeit Mussolinis einen Eisenbahnerstreik geleitet und wurde auf die Lipariinseln verbannt. Er konnte nach Frankreich fliehen, wo man ihm auf den Zehen herumtrampelte und dann in die Schweiz abschob. Vom Hause, in dem ich wohnte, mußte jemand geplaudert haben. Massini wurde verhaftet und bei mir Haussuchung gemacht. Die Polizei beschlagnahmte die Schreibmaschine und auch Bücher. Auf meine Frage, warum sie diese Bücher mitnähmen, antwortete mir einer der Polizeibeamten, daß er diese Bücher lesen dürfe, ich aber nicht. Massini wurde dann später in das von den Nazis besetzte Frankreich abgeschoben. Nach dem Krieg habe ich mich auf dem italienischen Konsulat erkundigt, habe aber nie mehr etwas von ihm gehört. Vermutlich ist er umgebracht worden. Meine Frau und ich haben Massini sehr gern gehabt. Er ist einer der feinsten Menschen gewesen, die ich je kennen gelernt habe. Auch nach dem Verbot der Partei blieb ich weiter aktiv. Ich schrieb Manuskripte auf Matrizen ab und hektographierte die «Freiheit»[1] und das «Feuer».[2] Diese Arbeit machte ich im Abstellraum einer Wurstfabrik, später dann im Keller eines Schulhauses. Andere Genos-

1 «Freiheit», von 1935 bis zum Parteiverbot Zeitung der KPS.
2 «Feuer», Zeitung der Sozialistischen Jugend bis zum Verbot 1940.

sen stellten die hektographierten Blätter zu Zeitungen zusammen. Auch Frau Humbert-Droz war einige Male dabei. Vermutlich hat mich schon damals die Polizei überwacht. Ich war ja belastet durch Massini.

Zum ersten Mal verhaftet wurde ich am Hardplatz, als ich aus dem Trolleybus stieg. Ich hatte Manuskripte für die «Freiheit» in der Tasche und wurde deswegen eingesperrt. Die Gefängniszelle war staubig und hatte kein Taglicht. Das Fenster war nur eine Öffnung in die Polizeigarage. Erst nach etwa zehn Tagen wurde ich, ich weiß es nicht mehr, in die Polizeikaserne oder in das Bezirksgericht überführt. Ich bin dann noch zwei oder dreimal verhaftet worden. Im Ganzen habe ich so drei bis vier Monate in Gefängnissen zugebracht. Für mich war das nicht so schlimm. Für meine Frau war sicher alles schlimmer. Sie hat, während ich wieder einmal im Gefängnis saß, ihr erstes Kind zur Welt gebracht. Sie ist eine treue Frau gewesen, sie hat immer zu mir gehalten. Sonst weiß ich von jener Zeit nicht mehr viel. Ich weiß nur noch, daß Staatsanwalt Eugster beim Obergericht rekurriert hat und für mich drei Jahre Sicherheitshaft verlangte, wegen Rückfälligkeit, und weil ich vor dem Bezirksgericht einmal gesagt habe, ich sei Kommunist und bleibe Kommunist. Das Obergericht verurteilte mich zu acht Tagen zusätzlich.

Ich habe das Gefühl, daß die Gerichte uns gar nicht gern verurteilten, wohl nur, weil sie mußten. Die Strafen blieben immer weit unter den Strafanträgen, und aus bürgerlichen Ehren und Rechten hat mich kein Gericht ausgeschlossen.

Am Ende des Krieges bin ich aus der Partei ausgetreten. Nicht eigentlich ausgetreten, ich bin einfach weggeblieben. Ich habe meinen Austritt nie schriftlich gegeben. Das kam so: rein zufällig trafen sich einige Genossen und ich im Zigarrenladen von Otti Brunners Frau. Wir diskutierten. Einer ließ die Bemerkung fallen, wenn ich mich recht erinnere war es Otti Brunner[1]: «Jetzt müssen wir nur noch ein wenig pumpen, und schon haben wir die Macht in Händen.» Ich wandte ein, daß das nicht so einfach sei. Vermutlich müßten wir noch Jahre, wenn nicht Jahrzehnte, daran arbeiten, unsere Ideen zu verwirklichen, und übrigens verstünde ich Macht so wie Marx, als Demokratie mit umgekehrten Vorzeichen. Darauf nannten sie mich einen Miesmacher und Trotzkisten. Das ist der Grund, warum ich einfach weggeblieben bin. Ehrlich gesagt, ich war froh wegbleiben zu können. Kind einer geschiedenen Ehe und in Armut aufgewachsen, bin ich von jeher menschenscheu gewesen, und gewohnt, allein zu sein. In Vereinen, Parteien, Ge-

---

[1] Otto Brunner, Heizungsmonteur, Leiter des Monteurenstreiks von 1932, Kantonsrat der KPS, Kommandant in den Internationalen Brigaden im Spanischen Bürgerkrieg.

sellschaften, Abendunterhaltungen habe ich mich nie so recht wohl gefühlt. Also versteckte ich mich wieder hinter meinen Büchern. Und Hitler war ja geschlagen.

Und dann? Da muß ich vorgreifen. Während des Krieges arbeitete ich da und dort oder war im Militärdienst. Nach unserer Amnestie bei einem Accordanten, der Arbeiter an die SBB weiterverlieh. Er bezahlte uns Fr. 1.50 pro Stunde. Was er für uns bekam, weiß ich nicht. Er ging in Konkurs, weil er über seine Verhältnisse lebte. Die SBB übernahm uns Akkordanten-Arbeiter als Betriebsarbeiter. Betriebsarbeiter war damals so etwas wie im Monatslohn angestellter Arbeiter mit beschränkten Rechten. Das will heißen, daß wir kein Recht hatten auf spätere feste Anstellung, kein Anrecht auf Pensionskasse, Dienstkleider, Beamtenbillete. Dafür aber hatten wir das Recht, immer in der niedersten Lohnklasse verbleiben zu dürfen und voll zu arbeiten. Dank dem Eisenbahnerverband ist später sehr vieles besser geworden, aber den Status, Arbeiter mit beschränkten Rechten zu sein, haben die Betriebsarbeiter immer beibehalten. Aber beschränkte Rechte haben ja eigentlich alle Arbeiter. Für meine Anstellung als Betriebsarbeiter mußte ich mein Leumundszeugnis abgeben. Kurz nachdem ich es abgegeben hatte, wurde ich zum Verwalter gerufen, dem höchsten Beamten vom Frachtgutbahnhof. Er sagte mir, daß er mich wegen meinen politischen Vorstrafen gar nicht anstellen dürfte, mich aber doch anstelle; er wolle mit der Partei der Arbeit nichts zu tun haben.

Später wurde ich in's Eilgut beim Hauptbahnhof versetzt. Ich arbeitete immer nachts. Ständige Nachtarbeit ist zwar nicht gesetzeskonform, aber es gefiel mir, weil es mir erlaubte, bei meiner Arbeit allein zu sein.

Kurz vor dem Einmarsch der Russen in Ungarn kam ein Erlaß der SBB, der es auch uns Betriebsarbeitern erlaubte, bis zur drittuntersten Lohnstufe aufzusteigen. Da ich schon seit Jahren, wie man so schön sagt, eine höher qualifizierte Arbeit verrichtete, hatte auch ich Anrecht auf eine Beförderung. Der Chef des Eilgutbahnhofs stellte denn auch den entsprechenden Antrag an die Kreisdirektion III der SBB. Einige Tage später kam der Chef zu mir, drückte mir die Hand und gratulierte mir zu meiner Beförderung, mit der die Kreisdirektion einverstanden sei.

Einige Tage danach zirkulierte unter dem Patronat der SBB ein Unterschriftenbogen. Man legte uns nahe, während einem Jahr auf monatlich zwei Franken zugunsten der Ungarnflüchtlinge zu verzichten. Der Betrag würde direkt vom Lohn durch das Lohnbüro abgezogen. Unterschreiben sei natürlich freiwillig. Ich reagierte nicht darauf. Wiederum einige Tage später stellte mich der Hallenchef Wismann.

Er bat mich, doch auch zu unterschreiben, ich sei der Einzige, der nicht unterschrieben habe, und ich dürfe doch auch bei der Eisenbahn arbeiten. Ich weigerte mich zu unterschreiben. Darauf drohte er mir, daß, wenn ich nicht unterschriebe, es weder im Eilgut noch anderswo bei der SBB für mich noch Arbeit haben werde. Darauf gab ich ihm zur Antwort, die Aufstände in Ungarn seien ja durch den Westen angezettelt worden, und daß Rußland beim Einmarsch in Ungarn ja nur das Recht in Anspruch nehme, das sich die Westmächte schon seit 1918 immer angemaßt hätten, und meine kommunistische Gesinnung ja bekannt sei. Auch, daß ich mich nicht unter Druck setzen lasse. Kurz darauf wurde ich auf die Kreisdirektion gerufen, wo man mir sagte, ich sei ein ausgezeichneter Arbeiter, aber politisch unzuverlässig. Ich glaube, sie wollten nur, daß ich abschwöre. Aber da ich antwortete, daß eine Gesinnung sich nicht einfach austauschen lasse, und ich im Sinne hätte, Kommunist zu bleiben, sagten sie mir, daß sie in diesem Falle von meiner Beförderung Abstand nehmen müßten.

Folge davon war, daß man meine Arbeit andern übertrug und mich einer Gruppe zuteilte. Eigentlich auch eine Beförderung, aber nach unten.

Übrigens, Wismann, mit dem ich diesen Zusammenstoß hatte, war, was man so einen Militärkopf nennt. Er hatte die Betriebsfeuerwehr unter sich und leitet auch die Zürcher Schießkurse der SBB. Ich schätze, seine politische Tendenz war eher rechts. Auf alle Fälle, in seinen Reden, die er jahrelang regelmäßig bei den Schießkursen hielt, gebrauchte er immer den Ausdruck Kommunist an Stelle von Saboteur. Das tönte dann etwa so: «Wenn ihr Kommunisten seht, die sich an einer Weiche zu schaffen machen, dann schießt sofort.» Ich vermute, daß Wismann bei der Kreisdirektion über unsern Zusammenstoß rapportierte. Anders kann ich mir den ganzen Vorgang nicht erklären.

Der Eisenbahnerverband trat dann bei der Kreisdirektion für mich ein, mit der Begründung, daß ich ja keiner Partei angehöre. Nachträglich wurde ich dann doch befördert. Aber das realisierte ich nicht mehr. Warum sollte ich denn auch? Das Geschirr war ja schon zerbrochen. So gern ich vorher bei der Bahn gearbeitet hatte, so ungern arbeitete ich nachher. Am liebsten hätte ich sofort gekündigt, aber das war nicht so einfach. Es ging ja nicht nur um mich, es ging ja auch um meine drei Kinder und meine Frau. Etwa ein Jahr später habe ich dann doch gekündigt. Meine Frau hatte mir dazu geraten.

Meine etwa sechzig Kollegen verhielten sich anständig gegen mich, einige sogar sehr sympathisch. Sie wußten ja, wie dreckig man mir mitgespielt hatte. Und sie achteten mich, weil ich mich nicht hatte kaufen lassen. Nur einer sprach davon, mich in den Brunnentrog zu werfen. Aber er fand bei den andern keinen Anklang. Ungarnflüchtlinge wurden auch von der SBB angestellt. Sie erhielten zum regulären Lohn noch einen kräftigen Zustupf vom Roten Kreuz. Sie waren bei den Arbeitern nicht beliebt. Sie spielten sich zu sehr als Helden auf. Einige meiner Kollegen kamen zu mir und sagten, daß es sie reue, für die Ungarnhilfe unterschrieben zu haben. Nach meiner Kündigung mußte ich Arbeit suchen. Mein Leumundszeugnis durfte ich nicht vorweisen, und auf die Bahn als Referenz konnte ich mich nicht berufen. Ich hatte keine große Auswahl, und mußte als Handlanger arbeiten, in einer Glasmanufaktur. Die Arbeitsbedingungen und der Lohn waren mehr als schlecht. Nach etwa zwei Jahren fand ich dann Arbeit in einer Großhandelsfirma, und zu weit besseren Bedingungen, als ich je bei der Bundesbahn hätte erreichen können. In dieser Firma blieb ich denn auch bis ich über siebenundsechzig war.

Wie sich die Arbeiterklasse während des russischen Einmarschs verhalten habe? In den ersten Tagen empört. Das ist ja auch verständlich, wenn man das Übergewicht der bürgerlichen Propagandamöglichkeit bedenkt. Später verhielt sie sich dann so wie meine Kollegen im Eilgut.

Natürlich habe auch ich mir über den Einmarsch Gedanken gemacht. Marx oder Lenin hat einmal gesagt, daß einem andern Volk die Freiheit nicht auf Bajonettspitzen gebracht werden dürfe. Der russische Einmarsch war dem nicht konform. Es wäre mir lieber gewesen, die Ungarn hätten ihre Angelegenheiten ohne fremde Hilfe in Ordnung gebracht. Aber es war ja zur Zeit des Kalten Krieges und es ging um strategische Grenzen. Meines Erachtens war der russische Einmarsch ein notwendiger Zwangszug, wie beim Schach. Und wenn ich heute zurückblicke auf die Kriege in China und in Vietnam, und an die Pentagonpapiere denke, zweifle ich nicht daran, daß der Einmarsch richtig war.

Ich bin immer noch Kommunist, und werde es auch bleiben. Es geht doch nicht nur um die Arbeiterklasse, es geht doch um das Überleben der Menschheit überhaupt. In Gesprächen und Diskussionen bezeichne ich mich immer als Marxisten. Als Marxist kann man ruhig kommunistisches Gedankengut vertreten, als Kommunist nicht. In der Schweiz sah man in einem Kommunisten so etwas wie einen Vergewaltiger und Massenmörder. In der Schweiz ist es schwer, Kommunist zu sein. Heute ist dank China, Vietnam und Italien unser Ansehen in der Bevölkerung gestiegen.

Als Kommunist ist mir Mao Tse Tung am sympathischsten. Von ihm selbst habe ich zwar außer dem roten Büchlein und einigen Gedichten nichts gelesen. Aber so wie ich es sehe, sind die Chinesen einer klassenlosen Gesellschaft am nächsten, und es scheint mir, daß sie begriffen haben, daß Revolution permanent ist. Vor allem sympathisch sind sie mir, weil sie sich nicht kaufen lassen. Die Russen sind mir zu bürokratisch und technokratisch.

Wenn ich überdenke, was ich da gesagt habe, muß ich lachen. Das ist doch alles nicht wichtig. Wichtig ist doch nur unsere Zukunft.

> «*Am andern Tag, ich glaube es war ein Freitag, erhielt ich die Kündigung.*»

Robert Hemmann, Schreiner, geboren 1908:

Es war in jenen Tagen, als dieser Ungarn-Aufstand war, eine allgemeine Hysterie im Bürgertum und auch in der Arbeiterschaft, muß man sagen, bei den Sozialdemokraten. Es war dann so, daß man die Kirchenglocken während drei Minuten läuten lassen und die Betriebe stillegen wollte. Da kam also unser Chef in die Schreinerei, wo ich arbeitete und sagte, eben, wir stellen dann also ab, während diesen drei Minuten, wir hören auf zu arbeiten. Wir in der Betriebskommission sagten, wir machen eine Versammlung in der Bude, am Abend, und schauen, was die Kollegen dazu meinen. Am Abend saßen dann die beiden Söhne der Besitzer so im Hintergrund und hörten zu. Der Vorsitzende der Kommission sagte, also gut, morgen stellen wir während drei Minuten ab. Er fragte uns, was wir dazu meinten, ob wir einverstanden seien. Da verlangte ich das Wort und sagte: «Der kann ja machen was er will in seiner Bude, der kann den Betrieb abstellen, er muß es einfach bezahlen, das stört uns ja weiter nicht. Aber ich finde es ja nur interessant, daß man heute so eine Geschichte macht wegen Ungarn. Für die Ägypter oder für die Algerier oder für all die andern Völker, die unterdrückt worden waren, da hat kein Mensch Kirchenglocken läuten lassen, und das waren doch schlimme Sachen genug, um Glocken läuten zu lassen.» Ich sagte noch weiter, daß man ja sehe, wo das hinlaufe in Ungarn, das sei doch alles nicht spontan, das sei doch von langer Hand vorbereitet gewesen.

Die andern in der Betriebskommission sagten, das sei ihnen doch gleich, da hocken sie einfach drei Minuten auf die Bank. Im Grunde genommen war niemand dagegen. Die Arbeiter waren ja eigentlich gegen die Russen. Sie wußten ja auch nicht viel. Die meisten sagten gar nichts an dieser Diskussion und dachten sich, machen wir's halt, das ist ja dem Chef seine Sache. Ich war eigentlich der Einzige, der eine Meinung vertrat. Am andern Tag, ich glaube es war ein Freitag, erhielt ich die Kündigung. Ich sagte das dem Obmann der Betriebskommission und darauf gingen wir zum Chef ins Büro. Ich fragte, warum er mir künde, das interessiere mich zu wissen. Da antwortete er: «Das sag ich nicht.» Und ich: «Man kann's sich ja ungefähr denken warum», und im übrigen sagte ich, sei er auch der erste Chef, der mit meiner Arbeit nicht zufrieden sei. Und er, das habe nichts zu tun mit meiner Leistung, im Gegenteil, aber ... er habe mir jetzt einfach gekündigt. Er wollte nicht sagen weshalb, aber natürlich wußte jedermann, wieso. Nach längerem hin und her sagte er plötzlich, er nehme die Kündigung wieder zurück, aber da antwortete ich: «Ich gehe, an einem solchen Ort will ich gar nicht arbeiten!», und ich bin dann dort ausgezogen.

Bald darauf hatten wir eine Gewerkschaftsversammlung der Holzarbeiter, und dort, auf der Einladung, stand als ein Traktandum, daß ein Antrag gestellt worden sei auf Ausschluß der PdA-Mitglieder, die noch eine Funktion hätten in der Gewerkschaft. Ich ging da also hin, obwohl ich vorher schon ziemlich lange nicht mehr an einer Versammlung war. Ich sagte mir, da mußt du jetzt hingehen. Ich verlangte dann sofort zur Traktandenliste das Wort und stellte den Antrag, daß man dieses Tranktandum absetze. Es gab dann eine Abstimmung, und die Mehrheit war dafür, das Traktandum zu lassen. Später an der Diskussion verlangte ich wieder das Wort und sagte, ob sie wirklich nichts gescheiteres wüßten, als diese Hysterie des Bürgertums mitzumachen und sich denen gefällig zu erweisen. Da muß einer ja einen versoffenen Kopf haben oder ein Pöstlein wollen, wenn er einen solchen Antrag stellt. Sie wurden dann etwas böse, als ich sagte, die Sozialdemokratie sei heute halt eine bürgerliche Partei, von der könne man halt nichts anderes erwarten. Sie redeten dann auf mich ein, das sei doch alles nicht wahr, und das sei doch keine bürgerliche Partei undsoweiter. Ich fragte dann, es nähme mich eigentlich wunder, soviel ich wisse, sei nur noch einer im Vorstand, der in der PdA sitze. Sonst habe ja gar niemand mehr eine Funktion, der in der PdA sei. Da erklärte der von der PdA am Vorstandstisch, er habe den Austritt gegeben. Ich sagte darauf: «Dann ist ja gar niemand mehr von uns dabei, warum stellt man dann überhaupt diesen Antrag?» Das wußten die doch, warum kommt also so ein Antrag? Das ist doch allerhand. Das zeigt doch sofort, was sie damit bezweckten, eben zeigen, daß sie auf der bürgerlichen Seite sind, um sich denen anzubiedern. Und da hat sich dann einer bequemt zuzugeben, von wem der Antrag ausging. Den kannte ich noch von meiner Firma, wo er eine Zeitlang gearbeitet hatte. Das war so ein Streberling, der wollte ein Pöstlein in der Gewerkschaft oder bei der Partei. Er war in der SP. Deshalb hatte ich ja gesagt, das muß einer sein, der ein Pöstlein will oder einen versoffenen Kopf hat. Und der war ja ein harmloser, aber er soff effektiv ein wenig, und er hatte sich von den andern vorschwatzen lassen, diesen Antrag zu stellen. Er wurde dann auch ins Gewerkschaftskartell Winterthur gewählt. Den Antrag selber haben sie dann zurückgezogen. Das war doch offensichtlich nur gewesen, um mitzumachen, um dem Bürgertum zu zeigen, wir sind dann auch auf eurer Seite.

An die Versammlung selber erinnere ich mich nicht mehr so gut, auf jeden Fall hat keiner dagegen geredet, gegen das Traktandum. Das heißt doch: Ich erinnere mich, daß einer das Wort verlangte, ein älterer Kollege, den ich persönlich nicht kannte. Er sagte, das sei ja wirklich etwas ganz Dummes, daß wir heute noch hintereinander kämein wegen so etwas. Er redete dann gegen diesen Antrag. Aber sonst sagte niemand etwas, außer einigen, die Zwischenrufe machten, als ich behauptete, die SP sei eine bürgerliche Partei. Es gab geradezu einen Tumult. Nachher sprach dann noch, wenn ich mich recht erinnere, unser Redaktor. Er redete gegen die Russen, das sei doch allerhand, daß die da mit ihren Tanks aufgefahren seien, aber sonst redete niemand. Die PdA-Mitglieder wurden ja alle schon früher hinausgeekelt. Die Zentrale der Gewerkschaft ging in eine ganz andere Richtung. Heute ist die Führung eigentlich bedeutend besser als damals. Lange Zeit machten die PdA-Mitglieder Opposition. Aber die andern hatten immer einen auf Lager, den sie anstellten, um gegen uns zu reden. Auch wenn es der größte Chabis war. Dem einen und andern unserer Leute hing das dann langsam zum Hals hinaus, und sie machten nicht mehr mit, weil wir ja auch keine Aussicht hatten, eine Mehrheit zu bekommen, um einen andern Vorstand zu wählen. Das war hoffnungslos, so wie die Einstellung der Gewerkschaftsmitglieder damals war. So war das also.

Mit dem Redaktor der Gewerkschaftszeitung war ich gut bekannt, eigentlich befreundet. Er kam manchmal zu mir nach Hause, oder wir machten Touren zusammen. Er schrieb dann einen Artikel über diese Ungarngeschichte, natürlich gegen Rußland. Darauf telefonierte ich ihm und sagte, das sei doch komisch, wie er einen solchen Artikel schreiben könne, ich kenne doch seine Einstellung. Da hat er sich natürlich verteidigt. Ich sagte ihm noch: «Ich habe eher den Eindruck, das ist wegen deinem Brotkorb, weil er sonst zu hoch hängen würde.» Da wurde er wütend und er kam dann nie mehr zu mir.

Und damals traten ja auch viele aus der Partei aus, weil sie nicht mehr einverstanden waren oder auch, weil sie Angst hatten um ihre Stelle. Man weiß das ja nicht so genau. Viele blieben eigentlich trotzdem Kommunisten. Man kann das nicht so genau sagen, ob sie wirklich aus Feigheit, weil sie angegriffen worden waren, aus wirtschaftlichem Zwang oder aus Überzeugung austraten. Ich glaube zwar weniger, daß es aus Überzeugung war, ich glaub mehr, weil sie zuviele Anstände hatten. Damals genügte es ja, wenn man nur den «Vorwärts»[1] abonniert hatte und der Hausmeister das sah, da bekam man die Kündigung. So war das. Auch am Arbeitsplatz erhielt man Schwierigkeiten.

Ich selber war auf der «Schwarzen Liste» und hatte nach meinem Austritt ziemlich Schwierigkeiten eine neue Arbeit zu finden.

Früher hatte ich in einer Schreinerei gearbeitet, deren Mitinhaber

---

[1] «Vorwärts», Zeitung der PdA.

Ende Krieg als ehemaliger Nazi ausgewiesen wurde. Er war Deutscher und hatte bei den Nazis mitgemacht. Aber sie wiesen ihn erst Ende Krieg aus, nicht vorher. Während dem Krieg wiesen sie keine Nazis aus, erst als die den Krieg verloren hatten. Ich selber war ja ganz auf der anderen Seite und deshalb damals schon auf der «Schwarzen Liste». Der Chef hatte hier mit den Löhnen immer einen zu tiefen Ansatz. Wir hatten ja keinen Tariflohn, sondern einen Durchschnittslohn bei den Holzarbeitern. Und diesen Durchschnittslohn hatte der nicht in seinem Betrieb. Er war immer darunter. Ich verlangte in der Betriebskommission, daß wir zum Chef gehen und mit ihm über die Löhne reden sollten. Wir erklärten ihm, daß wir eine Statistik gemacht hätten und festgestellt hätten, daß er immer unter dem Durchschnitt sei. Er tat dann, wie wenn er nichts davon wüßte. Ich sagte ihm dann: «Wir wissen ja, wieviel sie verdienen.» Wir hatten nämlich Erkundigung eingeholt beim Steuerbüro. Das kostete 12 Franken für eine Erkundigung. Er behauptete dann, daß er Reserven brauche, wenn es einmal schlechter gehe, damit er die Leute trotzdem behalten könne. Wir antworteten ihm darauf, daß wir das zuerst noch sehen möchten, und tatsächlich war es dann so, als dann... wann war das, im 52, als der Korea-Krieg war, gab es eine kleinere Krise. Da entließ er gleich 10 Arbeiter miteinander. Und am andern Samstag verlangte er Überstunden. Ich sagte, das gibt es doch gar nicht. Mit solchen Geschichten kam ich dann auf die «Schwarze Liste», weil es bekannt gemacht wurde, daß ich mich für die Arbeiter einsetzte. Als ich dann im 56 Arbeit suchte, wurde ich vom Arbeitsamt an verschiedene Arbeitsstellen geschickt, aber ich hatte Schwierigkeiten Arbeit zu finden. Ich war dann zwei Jahre bei einem Kleinmeister, der nicht im Verband war. Der hat mich natürlich eingestellt.

Was sonst noch im 56, während dieser Ungarn-Hysterie alles passiert ist, hab ich nicht so im Kopf. Ich habe nur meine persönlichen Eindrücke über das, was da alles gegangen ist damals. Man weiß natürlich, was in den Zeitungen geschrieben wurde, daß da eine grausige Hetze war überall. Viele erhielten die Wohnung gekündigt. Ich selber wohne in einer Genossenschaftswohnung, so ist mir nichts passiert in dieser Hinsicht.

Sonst hab ich selber eigentlich nichts mehr erlebt im 56, ich war ja weniger exponiert als andere Parteigenossen. Ich war allerdings damals schon nicht mehr in der Partei. Ich war mit der Gewerkschaftspolitik nicht einverstanden, mit dem was ich die «Burgfrieden-Politik» nannte. Ich bekam Krach mit einigen Genossen in der Gewerkschaft. Ich wollte eigentlich nur protestieren und gab den Austritt aus der Partei, im Glauben, daß sie dann versuchen würden, mit mir zu reden; aber es ging dann so, daß sie mich ausschlossen, obwohl ich schon den Austritt gegeben hatte. Ich habe ihnen aber gesagt, ich mach das aus Protest. Das war eigentlich wie ein Mißverständnis. Sie schikken mir aber heute noch Einladungen für die Parteiversammlungen, obwohl ich nie hinging, da ich ja den Austritt gegeben hatte.

Im 56 war ich also wie gesagt nicht mehr in der Partei, aber ich habe ihre Haltung gebilligt. Gegen die allgemeine Hysterie konnte die Partei eigentlich nicht viel unternehmen. Man kann keine Demonstrationen machen, und dann sind nur wenige Leute da, denn im allgemeinen hätte die Arbeiterschaft nicht mitgemacht. Die Arbeiter glaubten was ihnen das Bürgertum erzählte. In den Zeitungen wurde ja immer wieder betont, wie russische Tanks gegen streikende Arbeiter vorgingen und wie das alles spontan gewesen sei. Das Rakosi-Regime war allerdings alles andere als vorbildlich gewesen. Das glaub ich auch. Damals hatte ich noch neben dem «Vorwärts» das «Volksrecht»[1] abonniert. Da konnte ich eine Gegenüberstellung machen und die beiden Zeitungen miteinander vergleichen.

Im allgemeinen kann man sagen, daß das Bürgertum im 56 wieder Oberhand bekam und die Arbeiterschaft sich wieder kuschte.

---

[1] «Volksrecht», Zeitung der SP von Kanton und Stadt Zürich.

«Die Bücher zündeten sie sogleich an. Und zwar wahllos.»

Hans Zogg, Buchhändler, geboren 1913:

Zuerst zu unserem Betrieb: Die Genossenschaft Literaturvertrieb verkauft progressive Literatur, zu etwa 95 % Bücher aus der DDR. Heute haben wir neben der gesellschaftswissenschaftlichen Literatur eine große Abteilung mit naturwissenschaftlichen Büchern.

Was die Ereignisse in Ungarn betrifft, so möchte ich vorausschicken, daß man hier in der Schweiz schlecht informiert war. Große Teile der Bevölkerung übernahmen aus der bürgerlichen Presse die Parole, die Sowjetunion habe Ungarn überfallen, und es wurde völlig von der Hand gewiesen, daß es sich in Ungarn um eine konterrevolutionäre Bewegung gehandelt haben könnte. Im «Spiegel» gab es damals ein Titelbild aus Ungarn, ermordete Menschen, denen ein Leninbild auf die Brust geheftet war. Einem einigermaßen politisch aufgeschlossenen Leser mußte jedoch klar sein; so einfach liegen die Dinge doch nicht! Hinter diesen Ereignissen mußte doch etwas anderes stecken.

Als die ersten Meldungen aus Ungarn eintrafen, fand in Zürich ein kantonaler Parteitag der Partei der Arbeit statt. Die Gemüter waren sehr erregt und man spürte von allem Anfang an, daß Leute wie Fritz Heeb[1] und Alfred Häsler[2] auf Kollisionskurs gingen. Die Auseinandersetzungen waren heftig und in der Folge verließen Heeb und Häsler mit ihrem Gefolge demonstrativ die Versammlung. Die Spaltung der Partei war perfekt. Daß diese Spaltung die Partei in ihrer Kraft erheblich schwächte, bekamen wir in der folgenden Zeit zur Genüge zu spüren, was die darauf folgenden Tage und Wochen illustrieren mögen.

Gleich nach den ersten Ungarnmeldungen klingelte auch schon das Telefon im Literaturvertrieb. Anonyme Anrufer bedrohten und beschimpften uns: Wir hängen Dich auf! Wir zünden Dir die Bude an! usw. usf. Man muß noch wissen, daß sich an der Feldstraße 46, wo wir unsere Buchhandlung hatten, auch noch das Parteisekretariat befand. Die Leute wußten also, an der Feldstraße 46 befindet sich die Partei der Arbeit und unsere Schaufenster zeigten denn ja auch, was für Bücher wir vertrieben. Das war also allgemein bekannt, und unsere Buchhandlung wurde auch mit der Partei identifiziert.

[1] Fritz Heeb, Anwalt in Zürich. 1945–56 in der PdA, seither in der SP. Kantonsrat.
[2] Alfred Häsler, Typograf. Bis 1956 Präsident von «Kultur und Volk», später Schriftsteller und Präsident des Schweiz. Schriftstellervereins.

Dann, einen oder zwei Tage später, kamen die ersten kleineren Demonstrationen. Man bespuckte die Schaufenster und beschimpfte uns. Wieder einen Tag später kam am Nachmittag, etwa gegen 15 Uhr, die Bäckersfrau von der Kanzleistraße – und das zeigt, daß wir mit der Bevölkerung aus unserer Umgebung eigentlich einen ganz guten Kontakt hatten – und rief mir zu: «Herr Zogg, sie kommen!» «Wer kommt?» «Es kommt ganz schwarz die Kanzleistraße herunter.» Aha, also schon wieder eine Demonstration! In diesem Augenblick befand ich mich mit einer älteren Angestellten, Paula Suter, im Laden. Um zu entkommen, verließ sie die Buchhandlung durch den Hinterausgang. Schnell verschloß ich nun unsere alten Rolläden. Da sich unsere zwei Ladenlokalitäten durch einen Hausflur trennten, sprang ich von einer Tür zur andern. Gerade noch rechtzeitig gelang es mir, die vordere und hintere Ladentüre zu verschließen, denn schon drangen die Demonstranten in den Hof. Unseren Hintereingang kannten eigentlich nur wenige Leute, weil man zuerst einen Durchgang und anschließend noch einen Hof passieren mußte. Ich vermute, daß die Anführer der Demonstranten von diesem Eingang wußten. Ich konnte die Tür wirklich nur noch mit knapper Not verschließen. Im Sekretariat der Partei der Arbeit befand sich zu dieser Zeit nur noch Ulrich Kägi[1] – heute Redaktor bei der «Weltwoche» – der den «Finkenstrich» zog, also einfach abhaute und dies, bevor ich überhaupt die Haustüre geschlossen hatte. Er hinterließ die Schlüssel und eine Frau, welche mit der Partei nichts zu tun hatte und die Administration des «Vorwärts» besorgte. Diese Frau und ich waren nun die einzigen, welche im Hause übrigblieben. Und dann ging's los. Die Demonstranten sahen, daß sie vom Hinterhof nichts ausrichten konnten, zudem war es auch nicht sehr attraktiv, denn man sah sie dort kaum und die waren auf Publizität aus. Da kommt noch hinzu, daß man vom Hinterhof auf die Zürcher Molkerei sah und daß von dort schon genug Drohungen, leider von Arbeitern, kamen. Die Demonstranten zogen sich auf die Feldstraße zurück und nun ging's los mit schweren Steinen. Die Rolläden hielten stand, verbogen sich stark, und die Scheiben begannen zu klirren. An der Tür, wo ich stand, wurde es langsam kritisch, so daß ich mich fragen mußte: Wo suchst du das Weite? Ich sah die Leute nicht, denn die Läden waren dicht, ich hörte nur das große Stimmengewirr. Ich erinnere mich, des Klangs der Stimmen wegen, daß es sich um sehr junge Leute gehandelt haben muß. Es waren also nicht einfach Volksmassen von der Straße, Arbeiter, Angestellte, sondern, wie ich nachträglich erfuhr, namentlich Mittelschüler. Das geht auch daraus her-

---

[1] Ulrich Kägi, führend in der sozialistischen und später der kommunistischen Jugend. Bis 1956 in der PdA. Redaktor des «Vorwärts». Heute Redaktor der «Weltwoche».

vor, daß sich das ganze am frühen Nachmittag abspielte. Ich sagte mir, wenn die reinkommen, dann wird's was absetzen! Da sich die Demonstration jetzt auf die Feldstraße konzentrierte, verließ ich schnell die Buchhandlung durch den Hinterausgang und entkam über die Kanzleistraße. Von dort aus besah ich mir die Demonstration. Die Zahl könnte ich nicht mehr genau sagen, aber es waren sicher einige Hundert.

Im Laden hatte ich ziemlich Angst, denn es war durchaus damit zu rechnen ... ich denke nicht, daß man gerade ermordet worden wäre, aber sicher hätten sie mich verprügelt. Die Demonstranten brüllten Slogans, die ich aber kaum verstand. Vor allem hörte ich den ohrenbetäubenden Lärm der Steine, die nur so an unsere Rolläden prasselten.

Ich wußte an jenem Tag schon vom Angriff auf den Laden von Lydia Woog. Daß sich auch bei uns etwas ereignen würde, das wußte ich schon, denn durch einige anonyme Anrufe wurde ich gewarnt. Die Demonstration war also vorauszusehen.

Rückblickend gesehen ist die sehr tapfere Haltung der Hauseigentümerin interessant. Sie hatte an der Frejastraße ein alkoholfreies Restaurant, das von Demonstranten gestürmt wurde, die ihr drohten, wenn sie jetzt nicht diese Kommunisten sofort rausschmeiße, dann werde sie drankommen. Auch wurde ihr gedroht, man schlage ihr das Kaffeehaus kurz und klein. Aber die Hausmeisterin kündigte uns nicht. Wohl hatte sie Angst, aber wir hatten ein gutes Einvernehmen mit ihr, so daß sie uns nicht kündigen wollte.

Der zweite Angriff – wenn ich mich recht erinnere – fand an jenem Abend statt, an dem eine Großkundgebung auf dem Lindenhof von Bürgerlichen, Sozialdemokraten und dem Gewerkschaftskartell organisiert wurde. Ich weiß wie gesagt nicht mehr ganz genau, wann es war. Sie kamen wieder durch den Hof, durch den hintern Eingang, spät in der Nacht. Einmal mehr wußten die Leute über die örtlichen Verhältnisse genau Bescheid, wußten, daß man von hier aus günstig in mein Büro eindringen konnte. Man muß sich das so vorstellen: Es war ein altes Haus mit alten Holzläden, welche man mit einem Stemmeisen leicht aus den Angeln heben konnte. Sie sprangen anschließend ins Büro und warfen die Schreibmaschinen und Bücher in den Hof. Die Bücher zündeten sie sogleich an. Und zwar wahllos. Zufälligerweise waren dort auch die marxistisch-leninistischen Bücher; aber wenn dort Märchenbücher gewesen wären, die hätten sie genauso wahllos hinausgeschmissen. Später haben sie noch die restlichen Bücher auf die Feldstraße getragen und entfachten dort ein großes Feuer.

Nun zur Rolle der Polizei. Daß die Polizei mitorganisiert hat, zeigt für mich folgendes Beispiel: An der Stapferstraße, wo heute Solschenizyn wohnt, lebte damals Jean Villain, der heutige «Vorwärts-Mitarbeiter» in Berlin. Villain war damals als linker Journalist bei der

«Weltbühne»[1]. Auch er hat anonyme Anrufe bekommen und hat darauf folgendermaßen reagiert: Als man gegen ihn Morddrohungen ausstieß, erklärte er: Ich bin Soldat, wer meine Schwelle gewaltsam übertritt, der wird von meinem Gewehr empfangen. Ob er wirklich geschossen hätte oder nicht, das ist eine andere Frage. Im gleichen Hause wohnte noch ein anderer Genosse, der auch fest entschlossen war, sich zur Wehr zu setzen. Nun bekam ich eigenartigerweise ein Telefon von der Stadtpolizei. Die sagten mir, ich solle doch den Herrn Villain beruhigen. Er wolle sich mit dem Gewehr verteidigen. Ich antwortete, das sei nicht meine Angelegenheit. Wenn er bedroht werde, dann sei ja schließlich die Polizei da, ihn zu beschützen. Wir wußten, daß an jenem Abend eine Demonstration bei Villain vorgesehen war. Die Polizei sah sich nun aber – vielleicht nach unserem Telefongespräch – doch gezwungen, einige Mann vor das Haus Villains zu postieren. Damit war jedoch die Situation für eine ungezügelte Demonstration nicht mehr günstig. Wie ich vermute, hat die Polizei die Demonstrationsführer sofort informiert, denn überraschenderweise blieb die ganze Kundgebung aus. Dies zeigt aber auch, daß die Polizei die Telefone von Genossen abhörte und wahrscheinlich auch interessante Meldungen an Rechtskreise weitergab. Am Abend, als der Sturm auf unsere Buchhandlung sich ereignete, befand sich auch ein junges Arbeiterehepaar im Haus. Die Frau war hochschwanger. Sie bekam eine solche Angst, daß man sie gleich in die Notfallstation der Frauenklinik einliefern mußte, wo sie dann ihr Kind gebar. Ich habe von diesem Ehepaar nie Vorwürfe bekommen. Ich meine, es wäre doch natürlich gewesen, wenn die beiden zu mir gekommen wären und gesagt hätten: «Sie, wegen Ihnen hatten wir ein schönes Theater!» In diesem Zusammenhang muß erwähnt werden, daß, wenigstens an der Feldstraße, sich keine Arbeiter am Sturm auf unsere Buchhandlung beteiligten. Die Arbeiter verhielten sich zur ganzen Angelegenheit, leider, völlig indifferent. Unsere Partei wäre auch gar nicht in der Lage gewesen, einen solchen Einfluß auf die Arbeiter auszuüben, daß diese unsere Buchhandlung und das Sekretariat verteidigt hätten. Das Schlimme am Ganzen war, daß auch in der Partei große Verwirrung herrschte und auch sie nicht in der Lage war, die Verteidigung zu organisieren. Das zeigt auch, daß wir alle stark verunsichert waren. Auch von mir selber würde ich sagen, daß auch ich verunsichert war. Hier muß ausdrücklich darauf hingewiesen werden, daß einzelne Genossen der Partei alles unternahmen, um die Partei zu verteidigen. Großen Anteil daran hatte Otto Oeschger[2]. Er organisierte die Überwachung des Hauses

1 «Weltbühne», von S. Jacobson in Berlin gegründete Zeitschrift. Mitarbeiter Kurt Tucholsky. Vor 1933 von Carl v. Ossietzky, nach 1945 von H. Leonhard und Maud v. Ossietzky redigiert. Erscheint heute in Berlin DDR.
2 Otto Oeschger, PdA-Kantonsrat, Metallarbeiter.

der Familie Lechleiter, welche sehr bedroht war, er organisierte auch den Widerstand bei der Familie Farner in Thalwil. In aufopfernder Weise setzte er sich für die gefährdeten Genossen ein, was, nur so nebenbei, eine nicht ungefährliche Sache war.

Was mich selber betrifft, kann man sich noch fragen, warum mich der Gegner nicht persönlich bedrohte. Das war ein reiner Glücksfall, denn ich zog damals von Stäfa nach Zürich um. Was mir in Stäfa passiert wäre, was weiß ich. Mein Umzug war genau während diesen Ereignissen und die Leute wußten das natürlich nicht. Außer Anpöbelungen auf der Straße und im Geschäft ist mir nichts passiert. Ich habe die Buchhandlung weitergeführt, dreiviertel Jahre hinter zerbrochenen Schaufensterscheiben, denn die Versicherung hat jeden Schadenersatz abgelehnt. Dies nach den Paragraphen, die es in jeder Versicherungspolice gibt, welche besagen, daß eine Versicherung bei Naturkatastrophen, Kriegsfällen und *Volksaufständen* nicht bezahlen muß.

Ich möchte hier erwähnen, daß wir es den Arbeitern unserer Partei zu verdanken haben, daß wir die ganze Buchhandlung ohne Kosten renovieren konnten. Was den Verkauf betrifft, hatten wir damals eine schwere Zeit.

Nach dem zweiten Angriff auf unsere Buchhandlung schlugen wir den Demonstranten ein kleines Schnippchen. Wir ließen einen Möbelwagen vorfahren, verluden Bücher und anderes Zeug und taten so, wie wenn wir ausziehen würden. Man könnte diesen fingierten Auszug allerdings auch anders auslegen. Man könnte auch sagen, es sei Angst gewesen, und ich meine, es war beides, dem Gegner ein Schnippchen schlagen und Angst.

Ich bin von Beruf eigentlich gar nicht Buchhändler, ich war ursprünglich Tischler, und Buchhändler wurde ich dank Edgar Woog. Meinen ersten Beruf hätte ich wegen meiner Kinderlähmung auch gar nicht mehr ausüben können. Ich bin schon seit den dreißiger Jahren Mitglied der Partei. 1944 hieß die Buchhandlung noch «Literaturvertrieb der Partei der Arbeit». Erst ein paar Jahre später, übrigens sind es in zwei Tagen genau dreißig Jahre, gründeten wir die Genossenschaft Literaturvertrieb. Edgar Woog war damals für die Herausgabe der Literatur verantwortlich. Ich habe eng mit ihm zusammengearbeitet, und er war es, der mich in mein neues Metier einführte. Das Ganze hat natürlich klein angefangen, in meiner Wohnung, und ist dann einfach so gewachsen.

Über den Unterschied zwischen meiner und der heutigen Generation befragt, würde ich sagen, daß wir damals eher emotional zur Arbeiterbewegung stießen, und daß die heutigen Jungen eher vom Lernen und vom Studium zur Bewegung stoßen. Das kann ich gut sehen in unserer Buchhandlung. Die Jungen von heute haben viel eher die Möglichkeit, sich Bücherwissen anzueignen. Für die heutige Generation ist es auch interessant zu wissen, daß es früher, auch in der Sozialdemokratie, sehr viele gescheite Arbeiter in der Führungsspitze gab. Arbeiter als Redaktoren, Arbeiter als Leiter von Buchhandlungen, usw. Die Arbeiter haben früher auch eher marxistische Literatur gelesen und sich um solche Dinge gkümmert. Die Führer der Arbeiterbewegung waren damals meistens Arbeiter, die sich ihr Wissen autodidaktisch erworben hatten. Heute haben die Arbeiter leider immer weniger marxistisches Wissen. Und mit diesem schwächeren Bildungsstand ist natürlich auch ein schwächeres Klassenbewußtsein verbunden. An die Adresse der Sozialdemokratie gerichtet, muß ich noch beifügen, daß man auch nicht dreißig oder vierzig Jahre in reformistischer Burgfriedenspolitik machen kann, ohne daß das verheerende Auswirkungen auf die Arbeiterschaft hätte.

Heute wird die marxistische Literatur hauptsächlich von Studenten gekauft, trotzdem auch viele junge Arbeiter, vor allem Lehrlinge, sich für diese Literatur interessieren. Müßte ich die Erfahrung aus den sechsundfünfziger Ereignissen weitergeben, so haben sie für mich deutlich gezeigt, daß auch in der Schweiz ein Faschismus besonderer Prägung möglich wäre. Ich will damit nicht so weit gehen und sagen, diese Demonstrationen seien schon eine faschistische Bewegung gewesen. Ich würde damit auch all jenen Unrecht tun, die damals auf der anderen Seite der Barrikaden waren und heute ihre politische Einstellung geändert haben. Ich habe heute Kunden, die am Sturm auf unseren Laden beteiligt waren. Es wäre also falsch, diese Demonstrationen als «faschistische» zu bezeichnen; dies waren sie nicht. Ich will nur sagen, daß auch hier eine faschistische Bewegung möglich wäre, was man auch im Zusammenhang mit dem aktuellen Fremdenhaß beobachten kann. Diese Erkenntnis ist es, die ich als Fazit aus diesen Ereignissen ziehen würde.

Hans Zogg hat von der Möglichkeit Gebrauch gemacht, den Text des Gespräches abzuändern und hat die ursprüngliche Fassung vollständig umgearbeitet.

«*Wir weisen den Vorwurf, hier die Interessen einer fremden Macht zu vertreten, mit aller Entschiedenheit zurück.*»

Jakob Lechleiter, Parteisekretär, geboren 1911:

Schon lange vor den Ereignissen in Ungarn wurde in der Periode des Kalten Krieges durch eine systematische, antikommunistische Hetze das Klima geschaffen, das dann bei den Ereignissen in Ungarn sich bis zu einer eigentlichen Pogromhetze steigerte. Vor dem Haus, in dem ich mit meiner Familie wohnte, fanden mehrere Demonstrationen von Schülern statt, die auch die Hausfassaden unter den Augen der Polizei verschmierten. Es waren keineswegs spontane Demonstrationen, sondern sie wurden im Schulhaus Rebhügel vorbereitet. Es wurde ein Plakat aufgehängt mit einer Zeichnung eines Galgens und darunter die Aufforderung zur Demonstration. Tag und Nacht erhielten wir Telefonanrufe mit den übelsten Beschimpfungen und Morddrohungen und zwar mehr als ein Jahr lang. Mein Sohn konnte oft nur auf Umwegen nach Hause kommen von der Schule, weil er verprügelt werden sollte. Allerdings haben oft Schüler, die damit nicht einverstanden waren, ihn vorher gewarnt. Ich war viele Jahre Mitglied der «Naturfreunde»[1], man wußte, wer ich war, und ich habe nie etwas gegen die Interessen der Naturfreunde getan. Es wurde mein Ausschluß nur wegen meiner politischen Gesinnung verlangt. Eine Mitgliederversammlung der Sektion Wiedikon lehnte den Ausschluß mit deutlicher Mehrheit ab. Darauf stand der anwesende Vertreter des Zentralvorstandes auf und erklärte: «Das ändert nichts, dann wird er eben vom Zentralvorstand ausgeschlossen.» So geschah es dann einige Tage später, offenbar im Namen der Demokratie. Auf Weihnachten kamen haufenweise Pakete von allen möglichen Firmen mit Waren, die wir nie bestellt hatten. Anonyme «Helden» hatten aus Zeitungsannoncen und Prospekten Bestellcoupons ausgeschnitten und eingesandt. Diese Aktion hat uns zwar nicht weh getan, weil wir einfach die Annahme verweigerten, brachte aber unnütze, zusätzliche Arbeit für die Pöstler und Angestellten der betreffenden Firmen. Als wir PdA-Gemeinderäte nach den Ungarn-Ereignissen in den Gemeinderat kamen, verlasen die bürgerlichen Fraktionen eine Erklärung, daß sie sich weigern würden, mit den Kommunisten zu tagen, und sie verließen, gefolgt von der sozialdemokratischen Fraktion, den Saal. Wir PdA-Gemeinderäte und der Präsi-

---

[1] Naturfreunde, in Wien gegründete Touristenorganisation der Arbeiterbewegung.

dent blieben allein im Saal. Der Präsident versuchte dann in Gesprächen im Foyer, die Fraktionen nach getaner Demonstration für die Rückkehr in den Saal und zur Behandlung der Geschäfte zu bewegen. Sie kamen auch zurück, nur um zu erklären, sie würden nicht in unserer Anwesenheit tagen. Es blieb dem Präsidenten nichts anderes übrig, als die Sitzung zu schließen. Im Foyer warteten dann eine größere Zahl der Gemeinderäte auf unser Erscheinen. Sofort wurde mir die Brille heruntergerissen, weil sie wußten, daß ich sehr schlecht sehe. Von hinten schlug man mir eine Mappe auf den Kopf und von allen Seiten wurde ich gestoßen. Als ich zur Gegenwehr ansetzte, wurde ich von Polizisten umringt, die mich aus dem Rathaus begleiteten. Der damalige Korrespondent der «National-Zeitung» beschrieb diese «Heldentaten» in einem Bericht des «St. Galler Tagblattes» und schrieb dazu: «Ich habe mich geschämt für den Zürcher Gemeinderat». In der Sitzung des Gemeinderates vom 13. Dezember 56 gab ich folgende Erklärung ab:

«Wir weisen den Vorwurf, hier die Interessen einer fremden Macht zu vertreten, mit aller Entschiedenheit zurück. Wir sind Schweizer, fühlen uns mit unserem Land und seinem Volk verbunden und führen den Kampf aus den Bedingungen und den Traditionen unseres Volkes heraus. Wir lassen uns nicht vom Schweizervolk trennen. Allerdings sind für uns die Interessen des Landes nicht einfach identisch mit den Interessen der Kreditanstalt und der Hochfinanz. Wir Kommunisten haben die Ereignisse in Ungarn und die schweren Fehler und Verbrechen, die dazu geführt haben, tiefer und schmerzlicher empfunden und bedauert als viele der heutigen Schreier, weil sie nur möglich wurden durch eine Verletzung wichtiger sozialistischer Grundsätze. Trotzdem sind wir überzeugt, daß die Zukunft einer wahrhaft sozialistischen Gesellschaftsordnung gehören wird. Wir werden weiterhin den Kampf führen für die Verteidigung der Interessen des arbeitenden Schweizervolkes.»

Der Bericht über die tumultöse Gemeinderatssitzung wurde natürlich in der Presse groß aufgemacht. Meine Frau arbeitete zu dieser Zeit als Verkäuferin in einem der führenden Delikatessengeschäfte. Sie arbeitete am Morgen bis elf Uhr, um 13 Uhr bekam sie per Expreßbrief nach Hause die fristlose Kündigung. Die finanzielle Lage der Partei zwang mich ebenfalls Arbeit zu suchen, und das war in diesem Klima nicht leicht. Einige Geschäftsleute haben offen gesagt, sie würden mich gerne einstellen, könnten es aber wegen den Kunden und Lieferanten nicht riskieren. Schließlich hat mich ein Unternehmer eingestellt, aber unter der Bedingung, daß ich im Betrieb nur unter einem Pseudonym geführt werde und niemand meinen wirklichen Namen kennen dürfe. Die Parteiarbeit war in dieser Zeit sehr erschwert. Offiziell nicht verboten, waren wir doch praktisch nur halb legal. In der ganzen Stadt gab es keinen Saal für eine öffentliche Versammlung. Wenn wir noch einen Saal bekamen, dann immer nur mit der Bedingung, daß keine öffentliche Propaganda gemacht werde, sondern nur schriftliche Einladungen. Auch das Volkshaus war für uns während acht Jahren gesperrt. Der Stadtrat von Zürich faßte einen internen, gesetzwidrigen Beschluß, daß kein Mitglied der PdA das Stadtbürgerrecht erhalten solle. Per Zufall bekamen wir später von diesem Beschluß Kenntnis und durch Rekurse in einem konkreten Fall an die höheren Instanzen mußte der Beschluß aufgehoben werden. Zu sagen ist aber, daß nicht alle Leute die antikommunistische Hysterie mitgemacht haben. Wir haben auch viele Beweise der Solidarität und der Unterstützung erfahren dürfen, besonders auch von unseren Nachbarn.

Nicht unerwähnt bleiben soll, daß leider einige Gewerkschaften sich beeilten zu beschließen, daß kein Mitglied der PdA eine Funktion im Verband ausüben dürfe. Dadurch wurden viele gute Vertrauensleute der Gewerkschaften ihrer Funktionen enthoben, zum Schaden der Gewerkschaften und der Arbeiter.

Jakob Lechleiter wurde nicht interviewt; er hat diesen Text eigens für dieses Buch geschrieben.

« Mir erschien dieser demokratische Zentralismus etwas fragwürdig, weil ich in der Praxis merkte, daß die Demokratie nicht spielte, nur der Zentralismus.»

Klara Kaufmann, Angestellte, geboren 1916, und Gusti Kaufmann, Laborant, geboren 1911:

Gusti: Nach meinen Erinnerungen war die Partei eigentlich schlecht auf die Ereignisse von 1956 vorbereitet. Sie war seit einigen Jahren auf einem absteigenden Ast. Das hat sich ausgedrückt durch Verluste von Mandaten bei Wahlen und dann auch weitgehend im Verlust von ihrem Einfluß in den Gewerkschaften. Und dann gab es auch einen ständigen Mitgliederverlust. Anderseits wollte die Partei natürlich nicht verzichten auf die Ausnützung jeder Möglichkeit, an die Öffentlichkeit zu treten, bei Wahlen und so weiter, und das erforderte, weil immer weniger Mitglieder und Funktionäre vorhanden waren, daß man in einem immer steigenden Maße vor Aufgaben gestellt wurde, daß man nur schon weibeln mußte vor Wahlen, bis man einigermaßen die finanziellen Mittel zusammenbrachte, um Plakate und Flugblätter drukken zu können. Und dann die Flugblätter verteilen. In jener Zeit haben sie einen sehr geschickten Organisationsapparat geschaffen, um möglichst alle Mitglieder, die man irgendwie erreichen konnte, in die Arbeit einzuspannen. Aber in der Hauptsache waren es einfach doch nur die Funktionäre, die die Arbeit machen mußten. Der Schwung der Überzeugung und so weiter, und vom Vertrauen in die eigene Kraft, das war nicht mehr in dem Maße vorhanden. Vielleicht ist das aber nur eine sehr persönliche Erinnerung. Ich hatte nach dem Krieg in den ersten Jahren geholfen, die Partei aufzubauen, die PdA, nach ihrer Gründung, und wir haben dort zum Teil gute Erfolge gehabt, so wie man sich das in der Schweiz nicht gewohnt war in diesem Rahmen. Die Versammlungen waren gut besucht. Das gab einen gewissen Schwung. Bei den Wahlen nach dem Krieg hatten wir Gewinne.

Später hat dann der Apparat wie gesagt sich immer besser organisieren müssen, um den fehlenden Schwung an der Basis zu ersetzen, er führte ein Wettbewerbssystem ein. Die Funktionäre mußten sich zu gewissen Minimalpunktzahlen verpflichten. Für Mitglieder- und Geldwerbung wurden Punkte verteilt. Auf die Dauer wurde so ein gewisser Druck erzeugt, den ich als bürokratisch empfand und der zuwenig Gewicht auf die notwendigen Grundlagen legte, diese Grundlagen, die eben den einzelnen dazu befähigen, ein Opfer zu bringen, sich einzusetzen und so weiter.

Klara: Es wurde nur von oben herab diktiert.
Gusti: Der einzelne wurde nur noch eingespannt.
Klara: Die Demokratie an der Basis spielte eigentlich nicht. Das war etwas, das mich schon lange enttäuscht hatte. Ich war lange mit Schwung dabei gewesen, aber je mehr ich merkte... Die Parteitage, zum Beispiel, waren ja nur Monologe, und wenn ich versuchte, mir irgendwie eigene Gedanken zu machen und mit anderen Genossen zu reden... Ich kann mich noch erinnern, es war glaub ich im Zusammenhang mit der Frauenfrage, wenn ich mich mit anderen besprach, dann machte man mich schon darauf aufmerksam, daß das im Grunde genommen Fraktionsarbeit sei, unerlaubte Fraktionsarbeit, was ich da mache. Während ich einfach fand, das sei eine gedankliche Mitarbeit an der Partei, und sie müsse doch schließlich von den Mitgliedern kommen, diese Mitarbeit, aber an den Parteitagen war immer alles vorbereitet, es gab keine echten Diskussionen. Die Beschlüsse waren schon vorher gemacht.

Ich habe in jener Zeit hauptsächlich in der Friedensbewegung gearbeitet. Das hat sich international, ausgehend vom Kampf gegen die Atombombe, entwickelt. Es gab da Unterschriftensammlungen. In vielen Ländern haben sich dann diese überparteilichen Friedenskomitees organisiert, und wir hatten das in der Schweiz auch. Wir haben hier lokal, im Kreis 3-Friesenberg Friedensfreunde organisiert, und da hatten wir wirklich ein überparteiliches Gremium, das sich aber in einigen Fragen vom internationalen Friedenskomitee, das von der Sowjetunion dominiert war, distanzierte. Und ich war so naiv, zu glauben, daß man jetzt wirklich die Leute für den Frieden mobilisiere. Wir machten dann unsere eigene Unterschriftensammlung, aber die Partei verlangte, daß man diese einfach in die Gesamtunterschriftenkampagne einverleibe. Dagegen wehrte ich mich. Es waren auch Spanienkämpfer in dieser Bewegung, die waren damals aber noch persona non grata in der Partei. Man hatte uns zwar gesagt, wir sollten überparteilich arbeiten, aber wenn wir dann mit diesen Verfehmten zusammenarbeiteten, dann bekamen wir wieder Schwierigkeiten in der Partei. Man warf mir vor, mit Jonny Linggi und anderen Spanienkämpfern und mit Trotzkisten zusammenzuarbeiten. Angefangen hatten eigentlich diese ganzen Schwierigkeiten mit dem Rajk-Prozeß in Ungarn, den Spannungen mit Jugoslawien und solchen Geschichten. Das waren Dinge, die mich damals schon unsicher machten, aber ich hatte es einfach noch geglaubt.

Gusti: Als die Ungarn-Ereignisse kamen, waren wir einerseits konsterniert. Natürlich hat man auch in unserer Parteipresse entsprechende Erklärungen gehört, die den russischen Eingriff rechtfertigten, den militärischen Einmarsch, aber persönlich fragte ich mich doch... Schließlich hatte es in Ungarn ja auch eine kommunistische Partei und eine solche Partei sollte ja zur Aufgabe haben, sich zu orientieren, wie die Stimmung ist im Volk, daß sie lebendige Beziehungen zum Volk hat, daß sie nicht nur Befehle herausgibt, sondern daß sie auch auf das Volk hört. Es war meiner Meinung nach sehr schwierig zu beurteilen, eigentlich von uns aus gesehen unmöglich, so eindeutig zu werten, daß für die Sowjetunion praktisch nichts übrig geblieben sein soll, als dieser Einmarsch.

Klara: Damals war ja die Zeit, als die ersten Delegationen in die Ostländer reisten. Ich kann mich erinnern, daß einer gerade aus Ungarn zurückkam und das sehr kritisch schilderte, wie sie im noblen Wagen, im Zug, saßen und draußen auf den Trittbrettern Arbeiter hingen, die mitfuhren. Dieser Genosse schilderte uns dieses Bild, um den Graben zu zeigen, der zwischen Parteiführung und Volk bestand, und daß dort in Ungarn eine Bonzokratie aufgekommen sei. Ich erinnere mich, daß dieser Genosse kritisiert worden ist. Es hieß, jetzt habe man ihm die Möglichkeit gegeben zu reisen, jetzt habe er doch dankbar zu sein. Mir wurde dort eigentlich zum ersten Mal bewußt, wie fließend die Grenze ist zwischen Korruption und Ehrlichkeit, und wie solche Reisen und Delegationen auch ein zweischneidiges Mittel sein können. Ich fand es toll, wie der so kritisch berichtete; es gab mir zu denken. Das war an einer Parteiversammlung und kurz vorher war ja der 20. Parteitag, der uns hellhöriger gemacht hatte. Nachdem lange Zeit immer wieder beteuert wurde, dieses und jenes stimme nicht, mußte man nun hören, daß es halt doch gestimmt hat, zum Beispiel die Berichte über die Stalin-Zeit.

Während den Ungarn-Ereignissen steckte ich also schon in einem Konflikt mit der Partei. Einmal, als wir nach einer Parteiversammlung, die sich häuften in jener Zeit, nach Hause kamen, vernahmen wir von den Kindern, daß eine Horde von Jugendlichen vor unsere Haustüre gekommen sei und gepöbelt hatte. Die Kinder waren allein zu Hause. Ich muß sagen, daß wir aber eine sehr gute nachbarschaftliche Beziehung hatten mit einer katholischen Familie, und er, der Mann, ging zu diesen Jugendlichen, es waren solche von der SP wie von der katholischen Jugend; er nahm einen der Rädelsführer in seine Wohnung und hat quasi für uns gebürgt. Er hat einfach gesagt, diese Leute sind nicht in der Partei, die sind in der Friedenspartei. Er hat es uns dann halb lachend erzählt. Dann seien sie abgezottelt. Unsere Tochter hat uns erst später erzählt, daß die Kinder in der Schule einmal gejohlt hätten: «Hinaus mit der PdA, hinaus mit der PdA!» Ein Schulkamerad habe sie dann gefragt, was das eigentlich heiße, PdA. Ich glaube, sie war selber gar nicht persönlich gemeint, das war eher wie ein Sprechchor, den die Kinder von der Straße übernommen hatten. Der Lehrer soll dann aber gesagt haben, bei den Kindern gäbe es noch keine PdA. Meine Tochter war eine gute Schülerin und ziemlich robust, die ganze Sache hat ihr, glaub ich weiter nicht geschadet; aber es gibt Kinder von anderen Genossen aus dieser Zeit, die seelisch schwer unter diesen Ereignissen gelitten haben.

Ich persönlich habe eigentlich mehr unter meinem Austritt aus der Partei gelitten. Ungarn hat mir einfach noch den Bogen gegeben. Ich bin überzeugt, daß wir über kurz oder lang ausgeschlossen worden wären. Was die Ungarn-Ereignisse selber betrifft, wie mein Mann schon gesagt hat, wir konnten es einfach nicht beurteilen, wie kritisch die Lage in Ungarn war, und ob es realpolitisch notwendig war, daß die Russen einmarschierten, ob der Faschismus wirklich gesiegt hätte. Ich hatte diese Angst natürlich schon auch. Wir waren mit Noel Field befreundet, wir wußten, daß er vorher 5 Jahre in der Stalin-Zeit im Gefängnis war und dann nach Stalins Tod rehabilitiert wurde. Ich sagte mir dann, das wäre ja grauenhaft, wenn er jetzt noch einmal eingesperrt würde. Diese Ängste vor einer Wiedereinführung eines faschistischen Regimes in Ungarn, die hatte ich auch, aber ich konnte mir einfach nicht vorstellen, daß die Demokratie mit Kanonen gerettet werden kann, daß das ungarische Volk nicht selber in der Lage gewesen wäre, die Situation zu retten, wenn die Partei nicht schon vorher zu viele Fehler gemacht hätte. Ich habe dem ungarischen Volk einfach mehr zugetraut als die Partei. Und da weiß ich heute noch nicht, und das weiß wahrscheinlich niemand, ob es wirklich nötig war, daß die Russen einmarschierten. Ich bin vielleicht, mit all dem Zorn gegen die Partei, den ich in mir aufgestaut hatte, ins andere Extrem gefallen. Ich bin deshalb auch von aller politischen Arbeit zurückgetreten, weil ich mir sagte, ich will nicht zum Kommunistenfresser werden. Ich merkte bei mir, daß ich zu emotional bin, daß diese Gefahr dagewesen wäre, wenn ich weiter irgendwie politisch tätig gewesen wäre, daß ich dann vielleicht ins andere Lager hinübergekippt wäre, und das wollte ich nicht. Deshalb hab ich mich dann eine Zeitlang ganz zurückgezogen, von allem. Auch in der Friedensbewegung. Dort hat mir einmal jemand gesagt, ich sei so zynisch geworden, da hab ich mir gesagt, jetzt ist es aber Zeit, daß ich gehe. Ich habe jahrelang gekaut an diesem Austritt.

Ich habe mich immer wieder gefragt, ob es richtig war und was ich von meinen Erfahrungen und Kenntnissen behalten und was wegwerfen soll.

Die Ereignisse in der Schweiz selber brachten mich auch durcheinander, ich fand die Hetze gemein. Ich kam mir manchmal selber fast wie ein gemeiner Hund und wie ein Verräter vor, daß ich damals von der Partei wegging. Vielleicht ließ ich mich sogar etwas einschüchtern von dieser ganzen Stimmung, die gegen die Partei gemacht wurde. Das weiß ich nicht genau, damals war es mir jedenfalls nicht bewußt. Wir hatten ja schon ein paar Mal solche Dinge mitgemacht. Mich hatte eigentlich mehr erschüttert, daß ich mir sagen mußte, so etwas habe ich zwanzig Jahre zugestimmt. Schon nach dem 20. Parteitag habe ich mir gesagt, daß es doch etliche geben mußte, die, nachdem sie von all dem nichts wußten, nachher erschüttert waren, ich meine von den Verbrechen der Stalin-Zeit und all dem. Ich hatte irgendwie ein Schuldgefühl. Ich mußte mir hinterher sagen, eigentlich hätte man ja wirklich einiges wissen müssen.

Nach dem 20. Parteitag hatte ich die Hoffnung, es komme nun wirklich zu einer Neubesinnung in den Parteien. Ich dachte, daß an einer Organisation, die einem einzelnen so viel Macht-Mißbrauch ermöglichte, etwas nicht stimmen kann. Ich fand es nicht richtig, Stalin allein zum Sündenbock zu machen.

Gusti: Ich war in der kommunistischen Jugend gewesen und hatte dort gegen die faschistische Bedrohung gekämpft, auch gegen die Bedrohung, die in der Schweiz selber vorhanden war, mit der Anpassungspolitik während dem Krieg. Ich habe dann eigentlich mehr oder weniger lückenlos alle diese Jahre, auch den Übergang in die Illegalität und dann den Aufbau der PdA, miterlebt. Es ist klar, daß all dies Auf und Ab gewisse Ermüdungserscheinungen bewirkte. Während den Ungarn-Ereignissen gab es dann diesen Parteitag im Limmathaus. Ich weiß nicht mehr genau, ob der russische Einmarsch schon vorher passiert war.

Klara: Ich glaube, es war gerade an jenem Tag.

Gusti: Es gab dann eine innerparteiliche Auseinandersetzung. Es war eine explosive Stimmung an jenem Parteitag. Die Führung der Partei hat auf die absolute Solidarität und Rechtfertigung der sowjetischen Politik plädiert. Das waren Leute aus der alten KP. Eine andere Gruppierung, das waren vor allem ehemalige Mitglieder der sozialdemokratischen Partei, aber auch zum Teil jüngere Genossen, die diese Politik ablehnten und keine offizielle Stellungnahme der Partei zu diesen Ereignissen wünschten. Diese Auseinandersetzung hat dann die Partei zerrissen. Ich selber war auch sehr geladen. Ich empfand diese «Treue zum Internationalismus» eher als Sturheit. Die Rücksicht auf die Situation im eigenen Land schien mir wichtig. Man hätte doch auch die Entscheidung treffen können, man sei nicht in der Lage, über diese Ereignisse ein Urteil abzugeben. Ich war Mitglied der kantonalen Parteileitung. Ich habe an den Sitzungen nicht zurückgehalten mit Kritik. Ich erinnere mich noch, daß ich im Limmathaus ziemlich emotionell gegen Lechleiter aufgetreten bin, weil er die Stellungnahme der Partei schon als Entscheid der schweizerischen Parteileitung präsentierte, an dem man praktisch gar nichts mehr ändern konnte. Auch in der Versammlungsführung wurde versucht, einfach die Diskussion zu lenken.

Klara: Ich weiß nicht mehr, in welchem Saal im Limmathaus das war. Ich weiß nur noch, wie die Stimmung emotionell aufgeladen war. Ich habe nur noch die Stimmung in Erinnerung.

Gusti: Ich hatte nach dem Krieg meine Arbeit in einer Färberei verloren.

Klara: Du warst auf der Schwarzen Liste.

Gusti: Ich merkte bei Stellenofferten... Es war manchmal eigenartig. Zuerst eine Zusage und dann gewundene, unbegründete Absagen. Ich fand dann endlich Arbeit bei einem Grossisten der pharmazeutischen Branche. Ich arbeitete als Laborant an der Herstellung und Konfektionierung dieser Produkte. Eine Woche nach dieser Versammlung im Limmathaus wurde ich vor den Chef zitiert. Ich war zuerst paff, der kannte alle meine Funktionen in der Partei.

Klara: Inklusive Kontrollkommission der Partei, was nicht einmal alle Parteimitglieder wußten. Da muß also etwas geronnen haben.

Gusti: Der Chef erklärt mir dann, daß ich begreifen müsse, aber das sei nicht mehr vereinbar. Ich müsse mich entscheiden zwischen Mitgliedschaft in der Partei oder dem Arbeitsplatz. Da ich damals sowieso nicht mehr hundertprozentig hinter der Partei stand...

Klara: Ich erinnere mich noch, daß in der folgenden Woche eine Sitzung vereinbart war mit Woog, und da wußten wir, daß mein Mann so Stellung beziehen wird, daß der Ausschluß unvermeidbar ist. Nach den Erfahrungen, die wir bis dahin gemacht hatten, wußten wir das. Wir hatten diese Situation mehrere Male erlebt, daß Genossen ausgeschlossen wurden, weil sie diesem und jenem nicht zustimmten.

Gusti: Vor dieser Zeit schon sind ja auch viele Mitglieder von sich aus gegangen. Ich erinnere mich an Koni Farner, der die Position eingenommen hat: jetzt dürfen wir nicht schwach werden gegenüber den Angriffen auf die Partei. Ich erinnere mich aber nicht mehr, ob er damals an dieser Sitzung im Limmathaus gesprochen hat.

Klara: Ich erinnere mich eigentlich nur noch an die Stimmung, nicht mehr an Details. Wir haben in der Rückerinnerung immer nur vom «Scherben-Sonntag» geredet. Es hat damals richtig gebrodelt und gekocht. Es war wirklich eine gespannte... also ein Gewitter ist ein Dreck dagegen.

Gusti: Wir gingen dann noch in eine Beiz, nach der Sitzung...

Klara: Ich erinnere mich da an Aussprüche von Genossen, die zum Beispiel sagten: «Doch, doch, das war schon nötig dieser Einmarsch... aber in der Partei hätte man darüber diskutieren sollen.» Die Ansichten gingen durcheinander. Einige waren mehr mit der parteiinternen Politik nicht einverstanden. Andere waren wieder mit dem Verhalten der Sowjetunion, und daß man sich dem unterwerfe, nicht einverstanden. Aber das war zum Teil überschichtet. Mein Entschluß, aus der Partei auszutreten, war damals aber schon gefaßt. Ich glaube auch, daß ich den mit niemandem von der Partei besprochen habe. Kurz vorher, einige Zeit nach dem 20. Parteitag, sind wir innerhalb einer Gruppe zusammengekommen und haben besprochen, einen Artikel für die damalige theoretische Zeitschrift der Partei, «Sozialismus», zu verfassen. Eine kritische Betrachtung über den «demokratischen Zentralismus», der damals ein Kernproblem war. Es war eigentlich so, innerhalb der Partei, wenn man den «demokratischen Zentralismus» in Frage stellte, dann war das wie wenn ein Katholik die unbefleckte Empfängnis in Frage stellt. Mir erschien dieser demokratische Zentralismus etwas fragwürdig, weil ich in der Praxis merkte, daß die Demokratie nicht spielte, nur der Zentralismus. Ich fand einfach, das müßte einmal überdacht werden. Da waren wir also eine Gruppe und man könnte sagen, da haben wir wieder einmal in Fraktion gemacht ... aber den Austritt habe ich dann selber entschieden. Das war ziemlich bald nach dem «Scherben-Sonntag».

Gusti: Ich trat dann auch aus der Partei aus. Ich mußte ja früher oder später mit einem Ausschluß rechnen. Hinzu kam natürlich die Sorge um den Arbeitsplatz, also um die Familie. Dem Chef gab ich einen Durchschlag meines Austrittsbriefes. Das hatte er verlangt. Ich blieb dann noch 6 Jahre an diesem Arbeitsplatz.

Klara: Er wurde aber ziemlich schikaniert.

Gusti: Es war vor allem der Chefbuchhalter, der wahrscheinlich über meine politische Haltung orientiert war, er ließ mich immer zu sich kommen für den Zahltag, ließ mich warten und so weiter. Wie war die Haltung des Bürgertums? Ich erinnere mich zum Beispiel an einen Leitartikel in der «Tat»[1], wie da aufgeheizt wurde, wie sie versuchten diese Ereignisse zu benützen, um den politischen Gegner zu erledigen. Ich erinnere mich auch, wie ich empört war über gewisse Presseinformationen. Es sickerte dann auch durch, daß ungarische Emigranten, bürgerliche Leute, die seit der Gründung der ungarischen Volksrepublik in der Schweiz lebten, bereits ein Festessen in einem Zürcher Restaurant bestellt hatten, um den Sieg in Ungarn zu feiern, den Umsturz.

Klara: Diese Dinge haben uns dann schon zu denken gegeben, ich habe mich noch jahrelang gefragt, ob mein Mann sich von seinem Chef unter Druck setzen ließ. Das hat mir eben perönlich so zu schaffen gemacht, daß ich mich fragen mußte, haben wir uns jetzt wirklich so unter Druck setzen lassen? Wie weit war es unsere eigene, echte Überzeugung und wie weit haben wir uns dem Druck von außen gebeugt? Ich fragte mich dann auch, im Zusammenhang mit diesem Terror, der gegen Parteimitglieder gemacht wurde, was für Menschen erzieht man so? Was gibt das für Menschen? Das ist heute wieder das gleiche Problem mit den Lehrern. Wenn man die Lehrer unter Druck setzt, kann

---

1 «Tat», Organ des Landesrings, Tageszeitung in Zürich.

man so einen Menschen mit einer ehrlichen und freien Gesinnung erziehen? Man erzieht doch im Grunde auf diese Art Gesinnungslumpen. Und dann fragte ich mich manchmal, ja, bin ich jetzt so ein Gesinnungslump?

Heute mache ich direkt keine politische Arbeit. Mein Hauptanliegen ist die Bewußtseinsbildung unter den Frauen und zwar ganz speziell bei den Arbeiterfrauen. Ich arbeite im Rahmen der Gewerkschaft. Es ist eine kleine Sache, aber ich bin immer mehr zur Überzeugung gekommen, daß die gesellschaftliche und die persönliche Arbeit parallel laufen müssen. Zurückblickend muß ich sagen, daß die Partei daran zum Beispiel gekrankt hat.

Politisiert wurde ich auch, wie mein Mann, schon in den dreißiger Jahren, ich war wie er im kommunistischen Jugendverband und trat dann Anfang der vierziger Jahre in die Partei ein.

Gusti: Bei mir hat der Funke schon früher gezündet. Ich bin im Industriequartier aufgewachsen. Mein Vater hat bei Escher Wyss als Gießer gearbeitet. In den zwanziger Jahren wurde da gestreikt. Da erlebte ich, wie das Militär kam und die Streikenden wieder in den Betrieb hinein jagte. Meine Schwester und ich gingen dann auch in die ersten sozialistischen Sonntagsschulen. Ich wuchs religionslos auf. Die Eltern traten beide aus der Kirche aus. Mein Vater war in der Gewerkschaft und las sehr bald die Zeitung der KP, den «Kämpfer». Bei jenem Streik saß er in der Streikleitung. Es war ein wilder Streik, und er wurde aus dem Verband ausgeschlossen. Das alles haben wir natürlich als Kinder mitbekommen. Organisiert war ich dann wie gesagt in der Jugendbewegung.

Klara: Meine Mutter war früher einmal so etwas wie eine Pionierin der Hippies gewesen... Sie wurde dann politisch, zuerst im Bund der Freunde der Sowjetunion und in der antifaschistischen Bewegung. Sie war sehr aktiv und ich habe mich immer sehr identifiziert mit ihr. Sie meinte, ich solle zuerst einmal in eine antifaschistische Gruppe eintreten, aber das war mir zu wenig, ich ging dann sogleich in die kommunistische Jugend, wo ich auch meinen Mann kennenlernte.

Meine Haltung dem Sozialismus gegenüber hat sich, glaube ich, nicht wesentlich verändert, nur der Sowjetunion gegenüber. Ich schaue das heute so an: die Sowjetunion war ein Experiment, aber für mich ist es heute einfach kein sozialistisches Land mehr. Im Unterschied zu andern, die aus der Partei ausgetreten sind, unterscheidet sich meine Stellung darin, daß ich die Hoffnung... ich möchte es einfach nicht aufgeben, mich für den Sozialismus einzusetzen. Ich weiß nicht wieweit es eine Utopie ist und wieweit es realisierbar ist, aber ich meine, daß es etwas ist, für das es sich lohnt, sich einzusetzen.

«Nun hatte ich meiner Lebtag zum Glück nie Angst.»

Fritz Rüegg, Lehrer, geboren 1893:

Wenn man die Geschichte von 56, was da passiert ist, erzählen will, muß man an den 2. Weltkrieg zurückdenken. Im Weltkrieg wurden viele Lehrer in der Schweiz zu Offizieren und höheren Unteroffizieren ausgebildet, weil es Mangel hatte an Kadern. Da ist es begreiflich, daß unsere Lehrer sehr vaterländisch eingestellt waren. Als der Krieg fertig war und wir eigentlich den Russen zu verdanken hatten, daß die Nazis nicht über die Schweiz hergefallen waren, zu einem schönen Teil wenigstens, als der Krieg also fertig war, begann sofort der Kalte Krieg. Wir müssen daran denken, daß Churchill in Fulton diesen Krieg angezündet hat, da hat er gegen die Sowjetunion und vom Eisernen Vorhang geredet. Er wurde dann ja auch in Zürich mit großem Jubel empfangen, hat dort auf dem Fraumünsterplatz geredet, und im Zunfthaus «zur Meise». Nachdem Churchill hier in Zürich geredet hatte, ist von Oerlikon her der Antrag gestellt worden, an den Vorstand des stadtzürcherischen Lehrervereins, man solle die Kommunisten aus dem Lehrerverein ausschließen. Begründung, das seien alles Landesverräter. Wobei man wissen muß, daß unter den wirklichen Landesverrätern, während dem Krieg, kein einziger Kommunist war, sondern alles Bürgerliche oder solche, die gar keine Einstellung hatten. Der Antrag wurde also gestellt, man solle uns Kommunisten aus dem Lehrerverein ausschließen. Es wurde eine große Versammlung einberufen, die sehr gut besucht war. Das spielte sich im März 51 ab, im «Weißen Wind», der Saal war gesteckt voll. Als wir vernahmen, daß es auf uns losgeht, sind wir, Max Meier, Alfred Hümbelin und ich zusammengesessen und haben uns überlegt, wie wir dem entgegnen könnten. Wir sagten, was sollen wir jetzt tun, wir lassen uns das nicht gefallen. Es ist kein Grund vorhanden, uns aus dem Lehrerverein auszuschließen. Wir haben weder im Zivil- noch im Berufsleben irgend etwas getan, das gegen unser Land oder gegen die Interessen unserer Schule gewesen wäre. Im Gegenteil, ich kann von mir sagen, ich hatte allerlei Chargen. Ich war z. B. Präsident vom Lehrerkonvent im Schulkreis Limmattal und sie waren zufrieden mit meiner Amtsführung. Ich war auch Hausvorstand im Schulhaus Hohlstraße, Vertreter der Lehrerschaft in der Kreisschulpflege. Ich selber hatte einen guten Leumund, nie etwas gestohlen gehabt, niemanden zu Tode geschlagen und im Militär habe ich im ersten und im zweiten Weltkrieg Dienst gemacht, vom ersten Tag an, kann man sagen, bis zum letzten Tag, als

Sanitätsgefreiter. Im ersten Weltkrieg bekam ich sogar für meine Haltung eine Ehrenmeldung. Damals war ich allerdings noch nicht bei den Kommunisten, damals war ich noch bei den Sozialdemokraten. Bei diesen Gemeinderat geworden, und Kantonsrat, auch dort keine großen Stricke verrissen, ich war eigentlich nur so hineingerutscht. In die kommunistische Partei bin ich im 45 eingetreten, als die PdA gegründet wurde. Ich war nicht in der alten KP, hatte zwar von ihr gehört, aber sie gefiel mir eigentlich nicht, sie hatten immer Streitigkeiten unter sich.

Wir sagten uns also, Meier, Hümbelin und ich, wir reden über unsere Leben, d. h. zuerst ich, ich erzähle ihnen, was ich in meinem Leben alles so gemacht habe und dann reden noch die beiden andern über ganz bestimmte Themen. Der Präsident des Lehrervereins, Müller, ein typischer Offizier, der ganze Vorstand überhaupt bestand aus Offizieren, der hat dann seinen Kittel ausgezogen, die Ärmel nach hinten gestülpt, wie ein streitbarer General, und begann dann auf die Kommunisten zu schimpfen, was man so erzählte in dieser Zeit des Kalten Krieges, wie man eben die Kommunisten schilderte, in dieser dummen, boshaften, unwissenden Art. Und als er fertig war, verlangte ich das Wort, und da gab es gleich zu Beginn einige Zwischenrufe. In der Nähe saß ein Oberstleutnant, der rief: Verräter, Verräter! Da sagte ich, sei doch mal ruhig, Ernst, jetzt rede ich, du kannst dann nachher von den Verrätern erzählen. Ich konnte dann meine Sache ohne Unterbrechungen vorbringen. Nachher kam Max Meier und dann ging sofort ein Tumult los, sie fingen an zu schreien und zu rufen: hängt sie auf! hängt sie auf, die Kerle! Das war eine feine Gesellschaft. Die ganze Geschichte ging dann so vor sich, daß sie an dieser ersten Hauptversammlung zu keinem Beschluß kamen. Es hatte solche, die sagten, so eigentlich begründet sei dieser Ausschluß ja nicht. Mir sagten viele Kollegen, daß wenn es nur um mich ginge, auch gegen Alfred Hümbelin hatten sie nichts besonderes, nur auf Max Meier hatten sie einen Zorn, ich weiß gar nicht wieso, und das Lustige daran ist, daß er damals gar nicht mehr in der Partei war, er war ja ausgeschlossen worden. Es gab eine merkwürdige Einstellung vieler Leute gegen ihn, obwohl er ein ausgezeichneter Lehrer ist, ein viel besserer als ich selber zum Beispiel. Es wurde dann eine zweite Hauptversammlung einberufen, immer noch im März 51, das war im Kongreßhaus, im großen Saal, und dieser Saal war unten und oben, in den Galerien und im Hauptsaal gesteckt und gestoßen voll. Und dann haben sie wieder von vorne, vom Präsidium aus, gegen uns gewettert und als wir dann reden wollten, da begannen sie zu stampfen und mit den Tellern zu klirren, es war einfach ein Chaos. Ich sagte damals noch zu meiner Frau, das sieht ja aus, wie wenn das alles halbverrückte Derwische wären. Und es hatte natürlich gar keinen Sinn hier noch länger zuzuhören. Damals lebte noch meine Frau Martha, sie war Lehrerin in einer Spezialklasse, ich sagte also zu ihr, komm, wir gehen, es hat keinen Sinn. An dieser Versammlung wurde dann der Beschluß gefaßt, uns aus dem Lehrerverein auszuschließen, obwohl eigentlich keine Statutenbestimmungen dazu da gewesen wären. Das war also unser Ausschluß im 51, und sie hatten es deswegen ins 51 genommen, weil im 52 Wahlen waren. Wir wurden dann von der Schulpflege aus wieder auf die Liste gesetzt, sie unternahm nichts direkt gegen uns. Zwei Lehrer, Frieda Meier, die Frau von Max, und Felix Gujer, wurden bekämpft. In unserem Wahlkreis Limmattal, Aussersihl und Altstetten, da wurden Max Meier und ich bekämpft, durch Zeitungsinserate, hauptsächlich durch die christlich-sozialen, angeschlossen hatten sich dann auch die Evangeliker und die übrigen. Nur die Sozialdemokraten, muß ich sagen, die haben sich draußen gehalten. In anderen Kreisen gab es gar keine PdA-Mitglieder. Dann kamen die Wahlen und Frieda Meier und Felix Gujer wurden nicht mehr gewählt, d. h. in ihren Quartieren wurden sie schon wieder gewählt, aber es hatte noch die Enge, die andere Goldküste, und dort hatte es mehr nein als ja. Bei uns ging es so, daß ich mit einem Mehr von zwei Dritteln und Max Meier mit einem Mehr von drei Fünfteln wieder gewählt wurden, überraschenderweise eigentlich, ich muß aber auch sagen, erfreulicherweise. Im Kreis Limmattal kannte man mich eben, weil ich immer in der Arbeiterbewegung drin war und in der Schule konnten sie uns nichts vorwerfen, wir hatten immer unsere Pflicht getan.

Ich hatte dann auch keine weiteren Schwierigkeiten mehr. Außer manchmal, wenn ich eine neue 4. Klasse bekam, wollte ein Vater sein Kind nicht zu mir geben, aber es wurde ihm dann geantwortet, daß er da nicht auslesen könne, daß es extra eine Kommission gebe, die die Zuteilungen mache. Das kam aber ganz selten vor, daß sich jemand gegen mich wandte. Ich hatte da also nicht zu leiden, auch Telefone zu Hause bekam ich nur ganz selten, so diese Telefone, wo einer irgend etwas hineinbrüllte nach dieser bekannten Art und Weise.

So ging es bis im Januar 1957, dann kam der kantonale Lehrerverein und da hieß es, man müsse uns auch noch aus dem kantonalen Lehrerverein herauswerfen, und zwar nur wegen unserer Zugehörigkeit zur PdA, es gab sonst keinen anderen Grund.

Im 56 ist uns also nichts passiert. Ungarn hat eigentlich nur den Anstoß gegeben, daß uns auch der kantonale Lehrerverein, auf Gesuch des städtischen hin, ausschloß. Als dieses Gewitter über uns hereinbrach im 56, im Zusammenhang mit den Ereignissen in Ungarn, stellte sich für uns die Frage, ob wir weiterhin in der Partei bleiben wollten oder nicht. Für mich lautete sie, soll ich «tauchen» oder nicht, eine Zeitlang. Und die Partei selber, da war eine gewisse Verwirrung, sie konnten uns nichts konkretes anraten und für mich war die Lage besonders schwierig, weil damals meine Frau krank war, im Dezember 55 hatte sie einen Schlaganfall gehabt, und als dann diese ganze Geschichte mit Ungarn kam, stellte sich diese Frage wegen dem Austritt. So kamen Frau Dr. Brennwald, die schon in der alten KP gewesen war und der Alfred Hümbelin, auch ein Alt-Kommunist, sie kamen zu mir und sagten, ich müsse austreten, ich müsse einfach austreten, sie bringen dich sonst um. Und auf das hin faßte ich dann den Entschluß auch auszutreten. Ich dachte damals an Galileo Galilei, die Sonne geht nicht um die Erde, sondern die Erde um die Sonne. Für Hümbelin und für mich war es ganz klar, wir konnten doch nicht einfach unsere Weltanschauung verändern, von heute auf morgen, wir wollten sie überhaupt nicht verändern. Wenn man den Marxismus-Leninismus einmal in sich aufgenommen hat, das können wir doch nicht einfach ändern, das war ganz unmöglich. Aber die andern, der Lehrerverein, die hatten das von uns verlangt, aber die hatten wahrscheinlich selber keine Weltanschauung, sonst hätten sie das von uns nicht verlangt. Sie hatten dann allerdings recht, als sie sagten, daß wir nur pro Forma ausgetreten und daß die «innere Umstellung», wie sie in einem Brief schrieben, nicht vorhanden gewesen sei.

Unser Ausschluß aus dem kantonalen Lehrerverein wurde dann natürlich weit und breit in den Zeitungen verkündet.

In jener Zeit war ich auch noch Präsident von «Kultur und Volk».[1] Und vorher schon, im 55, als ich Präsident wurde, hatte ich gesehen, wie diese Vereinigung, die tatsächlich nicht politisch war, allerdings von der Partei gestützt, es waren viele Parteimitglieder dabei, wie diese Vereinigung Schwierigkeiten hatte, zum Beispiel Säle und Referenten zu finden. Dabei war das wirklich nicht sehr politisch. Wir hatten so Vorträge über Heinrich Heine, über Gotthelf, über Gottfried Keller und so weiter, was gerade so hundertste Geburtstäglein oder Todestage waren. Wir besuchten Kunstausstellungen, hatten Führungen etc., das waren also diese Sachen, aber wir machten keine Gesellschaftskritik, das unterließen wir strikte, weil wir auch noch viele Mitglieder hatten, die politisch gar nicht organisiert und auch sonst nicht irgendwie politisch eingestellt waren. Es hatte zu jener Zeit an die 500 Mitglieder und es wurde hier enorm gearbeitet. Im Jahr 54-55 hat die Vereinigung 32 Veranstaltungen durchgeführt, 15 Vorstandssitzungen, ein Reisesekretariat wurde aufgezogen, eine Filmgruppe etc. Sie leistete eine enorme Arbeit. Sie suchten dann einfach einen, der, will ich mal sagen, pflichtgetreu war. Ich war ja nicht besonders musisch veranlagt, die andern hatten einfach keine Zeit und da sagte ich, gut, so beiß ich halt in diesen Apfel. Mein Vorgänger, Alfred Häsler, hatte

---

1 «Kultur und Volk», Arbeiterkulturorganisation, 1935 in Zürich gegründet.

noch ein wunderbares Programm aufgestellt. Im 55 ging es eigentlich noch, ich merkte aber bald, was es für Widerstände gab gegen «Kultur und Volk». In der «Neuen Zürcher Zeitung» kamen so hämische, wüste Artikel, so Bemerkungen. Dr. Fabian[1] sprach zum Beispiel über Romain Rolland, irgend zu einem Geburtstag oder so, und da wurde er auf eine schmutzige Art und Weise angegriffen, ob er nicht wisse, bei wem er da referiere und so. Im 54 fand ja dann die erste China-Reise statt, diese Gruppe mit Rasser[2], Dellberg[3] und anderen. Da wurde so gehässig kommentiert, daß man merkte, wie der Kalte Krieg noch stark war. Und wir wissen ja auch, wie man das Rasser zu spüren gab. Im Mai 55 ging eine zweite Delegation nach China, die wurde auch angegriffen. Das war alles noch vor der Ungarn-Krise. Und im Oktober 56 wurde es dann ganz arg.

Wie stellte ich mich dazu? Ich wußte natürlich schon, daß in der Sowjetunion nicht alles stimmte, daß nicht alles so schön war, wie wir es uns vorstellten. Was für Schwierigkeiten es gibt, wenn ein Land einmal einen neuen Weg gehen will, einen ganz neuen Weg. Alles hat einem nicht gefallen, die ganze Stalin-Geschichte hat einem nicht gefallen. Aber eine Revolution geht ja nicht von heute auf morgen, man kann nicht alles plötzlich ändern, auch die Menschen müssen verändert werden. Man sah einfach, es hatte da ungeheure Schwierigkeiten. Und dann kam Ungarn. Die Sowjetunion hatte ja immer Angst, sie werde von den Imperialisten angegriffen. Auch nach dem 2. Weltkrieg noch, wenn man denkt, wie Churchill redete und im Deutschen draußen gab es schon wieder Kalte Krieger. Die USA waren der Sowjetunion auch nicht gerade günstig gesinnt. Sie mußten also einfach Angst haben. Vor dem Krieg hatten ihre Gegner ja gehofft, daß sich die Deutschen und die Russen gegenseitig auffressen würden, das war eigentlich die stille Hoffnung des Bürgertums. Die Sowjetunion hat dann nach dem 2. Weltkrieg das gemacht, was man eigentlich vom marxistischen Standpunkt aus nicht machen sollte, sie hat sich ein gewisses Glacis um sich herum geschaffen. Wenn man, wie ich, an die Notwendigkeit glaubt, daß der Sozialismus den Kapitalismus ablösen muß, dann hat man das einfach begriffen, auch wenn man nicht erfreut darüber war.

Nun gut, im 56 fand eine große Flucht aus der Vereinigung «Kultur und Volk» statt, weil diese so stark angegriffen worden war, auch in Zeitungen, und schlimm wurde es dann vor allem, als uns die Lokale gesperrt wurden. Im Oktober flog die ganze Geschichte auf. Erstens

1 Dr. Walter Fabian, antifaschistischer Emigrant, später Professor an der Universität Frankfurt am Main.
2 Alfred Rasser, Schauspieler und Kabarettist aus Basel.
3 Karl Dellberg, Postbeamter, Vorkämpfer des Sozialismus im Kanton Wallis, während 32 Jahren sozialdemokratischer Nationalrat.

wurde uns der Kaufleuten-Saal gesperrt und zweitens haben alle Referenten, die auf dem Programm vorgesehen waren, erklärt, sie könnten nicht mehr länger mitmachen. Auch Jakob Bührer, der für eine Lesung vorgesehen war, schrieb mir einen Brief, in dem er sagte, verschiebt jetzt die ganze Sache ein wenig, ich komme schon, aber nicht jetzt, in dieser aufgeregten Zeit. Wir hatten es dann sehr schwer und zwar deswegen, weil wir keine Referenten und keine Lokale mehr hatten. Das Volkshaus hat sich geweigert, uns Lokale zu geben, der Frauenverein, wo wir immer waren, hat sich geweigert, das Kongreßhaus sperrte uns aus. Ich habe da viele so schöne Briefe, wo sie alles erklärten.

Unsere Leute waren, sagen wir, linke Leute, etwas linker als die Allgemeinheit, aber wie gesagt; nach Ungarn flogen sie davon wie Vögel. Zuerst hatten wir an die 500 Leute, zuletzt mußten wir noch froh sein, wenn es 100 waren. Mein Problem war nun, wo finde ich noch einen Referenten, wo finde ich noch ein Lokal. Ich ging in die «Neue Welt» hinunter, das ist dort an der Langstraße/Zollstraße, ich weiß nicht, ob diese Beiz jetzt noch besteht; die hatten einen Saal, sogar noch einen netten Saal, gaben ihn mir, wir führten dort auch einige Veranstaltungen durch und es ging alles recht. Ich dachte so für mich, gottlob, jetzt hast du einen Saal, der auch ein wenig zentral lag, vor allem für Arbeiter. Als wir wieder eine Veranstaltung durchführen mußten, ging ich wieder zu diesem Wirt, fragte, ob wir den Saal wieder haben könnten. Da sagt er, ich kann ihnen den Saal nicht mehr geben, es ist ein Polizist gekommen, der hat gesagt, ich dürfe den Saal nicht mehr geben, sonst am Ende, eben, wegen dem Wirtschaftspatent. Sonst hätte ich nichts dagegen, aber sehen sie, ich will keine Schwierigkeiten. Also unsere Polizei hat uns überall dreingepfuscht. Es war nicht nur hier in der «Neuen Welt». Einmal trieb ich einen Saal im Restaurant «Stauffacher» auf, dort hätte es einen Vortrag über den Maler und Zeichner Ziehle geben sollen. Da kam extra einer aus dem Deutschen, um diesen Vortrag zu halten. Komm ich in den «Stauffacher», die haben uns den Saal gegeben. Aber kurz darauf ... Das ging immer so, wir mußten ja unsere Leute einladen, und sobald diese Einladungen verschickt waren, wurde sofort durch die Polizei zurückgefunkt. Ich bekam einen eingeschriebenen Brief von der Wirtin, eben, sie könne uns den Saal nicht geben, sie hätte nicht gewußt, daß das eine politische Veranstaltung sei. Aber diese Sachen kamen immer erst im letzten Augenblick. Wir luden dann in die «Freia» ein. Ich stand vor dem Restaurant «Stauffacher». Wir kannten ja unsere Leute und schickten sie in die «Freia» hinauf. So schlecht war dann aber noch keine Versammlung besucht wie jene. In der «Freia» wußten sie nicht, wer wir waren, d. h. sie kannten nur mich persönlich, weil ich dort manchmal essen ging.

Ein andermal wollten wir den Turel. Er hatte aber vorher geschrieben, daß er mit uns nichts mehr zu tun haben wolle; er hatte eine ganz eigene Weltanschauung und wollte nichts mit Kommunisten zu tun haben. Ich ging dann mit ihm reden, versuchte ihn zu überreden und schließlich war er dann bereit, als er merkte, daß es etwas anders bestellt war um uns, als er geglaubt hatte. Wir hatten im «Karl der Große» einen Saal gemietet. Einen Tag vorher bekomme ich ein Telefon, sie könnten uns den Saal nicht geben. Ich ging zum Turel und schlug vor, daß er bei ihm zu Hause referiere. Er war dann einverstanden. Wir orientierten unsere Mitglieder, die dann in die Enge hinauskamen. Turel wohnte an der Venedigstraße. Ich stand dann wieder vor dem Restaurant und informierte die Ankommenden und sie gingen in einem Spaziergang über die Quaibrücke an die Venedigstraße.

Mit der Zeit erholten sich die weggelaufenen Leute und wir brachten es wieder auf eine ganz anständige Zahl von Mitgliedern. Es war aber immer noch sehr schwierig, Referenten zu finden. In dieser Zeit hatten wir einen, Koni Farner, der immer und immer wieder kam und auch, wenn er bis über die Ohren in Arbeit steckte. Er hat ganze Zyklen durchgeführt, über die Schweizergeschichte oder über die Kunstgeschichte, an drei, vier, fünf Abenden, oder er führte uns ins Kunsthaus. Es hatte auch immer Leute, wir waren immer gut besucht, wenn er sprach.

Die ganzen Ereignisse vom 56 waren meiner Meinung nach manipuliert, und zwar glaube ich das aus dem einfachen Grund, weil die Leute ja gar nichts wußten. Sie wußten ja wirklich nicht, was Sozialismus ist. Wie bin ich selber Kommunist geworden? Ich würde sagen, aus meiner Jugendzeit heraus. Als Bube hatte ich schon sehr viel gelesen, aber alles mögliche durcheinander, von Sherlock Holmes bis zur Bibel. Ich habe alle diese Dinge in mir gesammelt und mußte mir doch irgendwie ein Bild machen. Ich war ein typischer Idealist. Von der Bibel ausgehend, sagte ich mir, du sollst nicht töten, heißt es im Alten Testament, aber im Neuen Testament, in Matthäus 16, da tönt es dann noch ganz anders, ich sage euch, heißt es dort, da darf man nicht einmal dem Bruder ein Schimpfwort sagen. Aber draußen in der Welt sah ich, wie die Menschen miteinander lebten, da ging es doch ganz unchristlich zu. Ich bin ganz arm, wirklich mausarm aufgewachsen, mit der Mutter und sechs Kindern, keinen Vater mehr. Wir lebten von der Armenpflege und das noch so kärglich als möglich. Ich wurde dann, wie könnte man sagen, nach Sibirien verbannt, ins Tößtal, zu einem Onkel, der mein Götti war. Zu dem gingen wir nicht gern, niemand, aber ich mußte immer zu ihm gehen, eben, weil er mein Götti war. Sie waren weiter nicht bös mit uns, sie waren überhaupt nichts mit einem. Wir hatten zu essen, ein Bett, einen Laubsack. Die Kleider hatten wir von zu Hause. Aber sie gaben einem nichts, sie ließen uns einfach so aufwachsen. Sie waren nett, aber sie bekümmerten sich nicht um uns. Und als dann der Vater starb und damit die Mutter nicht gerade alle sechs Kinder auf dem Buckel hatte, hieß es, wen könnten wir jetzt weggeben? Ja, den Fritz, der kommt ins Tößtal. Ich habe so die Armut tief innerlich erlebt; man hat niemandem gehört. Die Mutter hatte keine Zeit, sie hat gestrickt an einer Maschine, buchstäblich Tag und Nacht. So hat einem das Leben gezwungen, wenn man nicht ganz blöde war, über das Leben nachzudenken, über den Sinn und den Wert. Ich bekam immer Anregungen aus den Büchern, die ich las, ich suchte einen Weg und so stützte ich mich auf die Sprüche aus der Bibel. Ich sah einfach, daß die Bibel und das Leben dieser Christen nicht zusammenpaßte, aber ich verstand nicht, wieso das nicht zusammenpaßte. Ich hatte keine Ahnung. Ich las allerlei, was ich nur an Philosophen lesen konnte ... Ich kam aber nicht draus, weil sie nie zu einem Schluß kamen. Es waren wortreiche Sachen, dicke Bücher und zuletzt wußte ich weiß Gott nicht was das bedeuten sollte. Sie zeigten keinen Weg hinaus. Ich wurde dann Lehrer, aber dieser Idealismus ist mir immer geblieben. Im Jahr 1915, ich unterrichtete im Tößtal, kam ein älterer Lehrer hinzu, Otto Kunz. Warum er hier hin kam weiß ich nicht, wahrscheinlich irgendeine Verbannung. Und der war Sozialdemokrat. Er kam dann zu mir, redete mit mir und sah, daß ich da eine dürstende Seele bin, brachte mir ab und zu so Traktätchen der Sozialdemokraten und er hat dann mit mir zusammen eine sozialdemokratische Partei Turbenthal-Wila gegründet; das war im Frühling 16.

Und dann kam der Generalstreik. Zwei junge Bürstel auf Velos kamen und sagten: Generalstreik! Sie suchten einen für das Streikbüro, so quasi einen Streikleiter, ob ich das nicht machen könne. So hielt ich es dann für meine Pflicht, hier mitzumachen. Die Bürstel gingen dann weiter in die Fabriken und sagten den Arbeitern: abstellen, Generalstreik! Aber die Arbeiter waren nicht immer gerade bereit abzustellen. In den Textilfabriken machten sie es dann so; die Unternehmer nahmen die Belegschaft zusammen, dann hieß es: gut, es ist Generalstreik, wer streiken will, soll hier hinstehen, und wer arbeiten will, wie es sich gehört, dorthin. Das Resultat war natürlich, daß hier ein kleiner Haufen Leute war und dort ein großer Haufen. Und dann hieß es: also es wird gearbeitet bei uns. Gestreikt wurde eigentlich nur in ganz kleinen Buden, dort wo es gut Organisierte, hauptsächlich Gewerkschafter hatte.

Ich meldete mich dann als Lehrer nach Zürich, denn nach dem Landesstreik hatte ich absolut keine Aussichten mehr, irgendwo auf dem Land gewählt zu werden. Es blieb mir nur noch der Kreis 5 übrig, wo ich dann wieder in der Sozialdemokratischen Partei tätig war. Aber nach meiner Meinung näherte sich die Partei immer mehr dem Bürgertum, kam immer mehr nach rechts. Dank der Sozialdemokratischen Partei wurde ich eigentlich klüger, ich war aber immer noch Idealist, aber es war mir unbehaglich. Ich sagte mir, daß man mit dieser Weltanschauung nirgendwo hin kommt. In den dreißiger Jahren kam ich dann mit den Kommunisten in Berührung, der Nationalsozialismus kam. Aber ich hatte immer noch keine Grundlagen einer Weltanschauung. Dann lernte ich einen deutschen Emigranten kennen, einen ehemaligen Kommunisten, den hatten wir zur Betreuung, und eines Tages sagte er uns, daß er auch etwas für uns tun möchte. Da sagte meine Frau, ob er uns in den Marxismus einführen könnte. Denn als sie in der sozialdemokratischen Lehrervereinigung einmal gefragt hatte, ob man nicht den Marxismus durchnehmen könnte, wurde ihr gesagt, ja, was denken sie Genossin Rüegg, Marxismus, das ist so schwer, das verstehen wir nicht. Und dieser Emigrant, der sagte, ja, ja, das tu ich gern, und der hat das so gut gemacht; er führte uns über das Genossenschaftswesen bis zum Kapital, so daß wir endlich sahen wie das zugeht in dieser Welt, und wo die Motoren sind und wer die Hebel in der Hand hält.

Später begriff ich dann auch, daß die, die da nicht durchsehen und keinen Boden unter den Füßen haben, daß die abspringen und sagen, sie machen nicht mehr mit.

Bei diesen Ungarn-Ereignissen ging es doch eigentlich auch um zwei Weltanschauungen, die ins wirtschaftliche hineingreifen; auf der einen Seite das Bürgertum, mit dem Privatbesitz der Produktionsmittel, auf der andern Seite der Sozialismus mit der Sozialisierung der Produktionsmittel. Und das sind so enorme Gegensätze, viel größere zum Beispiel als zur Zeit der Französischen Revolution. Beim Sozialismus geht das viel tiefer und deshalb ist es auch begreiflich, daß sich die Kapitalisten mit Zähnen und Klauen wehren gegen die Sozialisierung, die wollen ihren Besitz behalten. Und den Arbeitern, denen geht es in der Schweiz relativ gut, und darum ist unsere Arbeiterschaft so verbürgerlicht, kann man sagen. Sie hören aber auch von keiner Seite andere Gedanken, als die, die gang und gäbe sind. Können wir dann erwarten, daß sie eine andere Weltanschauung haben, als die herrschende, bürgerliche? Und in den Schulen werden die einigermaßen fortschrittlichen Lehrer mehr und mehr hinausgeworfen. «Wir haben Angst», das ist doch der Slogan bei den Lehrern, wie man letzthin lesen konnte, wir haben Angst. Nun hatte ich meiner Lebtag zum Glück nie Angst. Ich weiß nicht wieso, nicht aus Heldenhaftigkeit. Es ist einfach meine Art, wahrscheinlich auch, weil ich so von unten herauf gekommen bin, und mich immer durchfressen mußte, den Willen hatte, klar zu werden. Und jetzt mein ich halt, ich hätte die richtige Weltanschauung und ich muß sagen, trotz alledem.

«Z Rußland gsi, z Rußland gsi, so die mache mer jetz hii.»

Helene Fausch-Bossert, Mundartdichterin, geboren 1907:

Das war im Sommer, im Sommer 53, da hat man mir gesagt, ich weiß gar nicht wie sich das genau abspielte, da hat man zu mir gesagt, eben, von einer Reise in die Sowjetunion. Danach war ich zuerst stutzig, ich konnte mir das gar nicht vorstellen. Ich sagte mir, das war in einem gewissen Sinne nur einmal so ein Schwätz. Es waren Leute von Basel, von «Frieden und Fortschritt», die waren in Kopenhagen gewesen, an einem Frauenkongreß; dort hätten ihnen die russischen Frauen, es hatte da Frauen aus der ganzen Welt, von allen Gattungen, die hätten also für 12 Schweizer Frauen eine Einladung gegeben, wenn möglich das meiste Nicht-Kommunistinnen, und ich war ja auch nirgends dabei, gar nirgends, außer im Frauenverein von meinem Dorf. Im August, ich glaube es war der 4. September 1953, kam dieser Bericht, eben, es sei jetzt so weit. Nun gut, hätte ich jetzt hier jemanden fragen sollen, darf ich gehen und weiß Wunder was? Ich hab es einfach gewagt. Also so naiv war ich nicht, daß ich nicht irgendwie dachte, wieso geh ich dahin, etc. etc. Das schon nicht, aber ich hatte ja nichts böses vor, nicht! Ich lasse mich nicht schlecht beeinflussen, wie ich das umgekehrt auch nicht mache. Nun gut, das war also am 4. September. Ich weiß die Namen der Frauen, die da mitkamen, nicht mehr alle. Es war eine Frau von Zürich dabei, 79 Jahre alt, eine Frau aus Biel, das H. G. aus Bern, sie mußte es auch büßen. Mit ihr bin ich bis auf den heutigen Tag so eng verbunden, eben weil wir das alles durchgemacht haben, da hat es sich ergeben, daß wir allewiel... vorher wußten wir nichts voneinander, und dann hat jedes erlebt... Wissen sie, ich bin einfach kein Typ, der da Phrasen machen kann und so... Ich kann schauen und kann mir meine Sachen denken. Ja, ich meine, wenn wir dann so da waren... wenn ich irgendwo eingeladen werde, da zeigt man sich doch immer ein wenig von der besten Seite oder nicht? Und danach... Also sagen wir jetzt in der Schweiz, da kämen also, ja, von draußen, von irgendwoher Besucher, da wird man diese ja nicht ins Wallis führen und ihnen zeigen, wo scheint's, ich selber hab es nicht gesehen, wo da vier, fünf Kinder zusammen schlafen, auf dem Stroh und so.

Wir waren also drei Wochen auf der Reise Moskau-Leningrad-Armenien. Und in drei Wochen kann ich doch kein Land und keinen Menschen kennenlernen. Mit vielen, eingeimpften Vorurteilen bin ich da hingegangen. Ich wußte das, aber es war doch eine einmalige Gelegenheit hinzugehen und zu schauen. Da hatte man gelesen und hatte man gehört, und das alles war nur schlecht. Nun gut, wir flogen zuerst mit der Swissair nach Prag. Dort haben wir übernachtet und wurden von Frauen empfangen, die waren von einer tschechoslowakischen Organisation. Reden wir jetzt doch einmal von der Schweiz, von Frauenorganisationen. Natürlich sind die schon noch ein wenig auf einer anderen Linie, das ist klar. Dann kamen wir nach Moskau und wurden von russischen Frauen empfangen. Und dort, in diesem Moskau, da haben wir Spitäler gesehen, da waren wir in einer Schokoladenfabrik, in einer Kinderbibliothek, das war großartig, das kann man einfach nicht vergleichen. Man konnte es nicht mit unseren Maßen messen. Oder wir waren im Tretjakow-Museum, im Bolschoi-Theater, in einem Entbindungsspital und so weiter, und so weiter. Einfach solche Sachen. Einmal waren wir im Kreml, es hat dort auch Museen, unter Kreml versteht man einfach ... Kreml, da meinen sie, dort seien eben die ... damals hat gerade der Malenkow regiert. Danach gingen wir mit dem Nachtzug nach Leningrad, und dort wurden wir auch wieder von diesen Frauenorganisationen empfangen. Also Leningrad fand ich eine schöne Stadt, das war schön, einfach diese Harmonie. Nun gut, und dort sah ich auch zum ersten Mal das Meer, beim Meerbusen, wie sagt man dem? Dort hatte es ein riesiges Museum und dort sahen wir ausgerechnet dieses Bild, riesig, vom Übergang von diesem, wie heißt er, Suwa... Suworow.

Da sahen wir also wieder die Schöllenen. Hier waren wir in einer Kirche, das war an einem Sonntagvormittag, also das war phantastisch, wir waren da auf der Empore, das ist mir noch haften geblieben, da hatte es einen Chor, sie sind ja russisch-orthodox. Da schauten wir hinunter. Ich glaube nicht, daß sie alle diese Menschen extra wegen uns da hingebracht hatten. In dieser kurzen Zeit. Also, ich glaube kaum.

Da sahen wir dann etwas später einen Film, das war unvergeßlich, ich glaube der Film war auch einmal in der Schweiz, er hieß «Nur ein kleines Mädchen», da sah man den Krieg in diesem Leningrad, nicht, das muß schauderhaft gewesen sein. Und dann weiß ich noch, an einem schönen Tag, außerhalb von Leningrad, in so Autos; neben mir saß eine Dolmetscherin. Und da kamen wir so gefahren, da war alles so uneben und dort pflanzten Frauen Bäumlein. Was war da? Eben, da ging der Krieg durch, nicht, diese Granaten und all das. Danach, das vergesse ich nie, da war so ein Baum, der war nur noch so ein Gerippe und daneben stand ein Tank. Da fragte ich, mich interessieren solche Dinge, was ist das? Vorne saß der Chauffeur, erzählte, drehte sich nach hinten und schaute kurz auf diesen Baum und den Tank. Und die Dolmetscherin übersetzte, bis hierher seien die Deutschen gekommen. Und der Chauffeur war auch dabei gewesen, mit ganz wenigen Soldaten hatten sie hier die Deutschen zurückschlagen können.

Gut, ich sage, das hat mich übernommen, bis auf den heutigen Tag sag ich mir: warum denn? warum denn das Wort Freiheit, alleweil Freiheit, warum haben sie dort nicht gesagt: jetzt kommen die uns befreien. Warum haben die sich so gewehrt? Dieser Punkt ging mir damals einfach nicht mehr aus dem Kopf. Ich schlief nicht in jener Nacht. So hat mich all das ... dieser Film, und jetzt hier in Leningrad ... Hier hätten sie doch die Möglichkeit gehabt, diese «armen» Russen, jetzt wären sie «befreit» worden und da haben die sich so gewehrt dagegen... Das ging mir einfach nicht in den Kopf und geht mir auch heute noch nicht in den Kopf. Eine andere Rasse Menschen sind sie ja, das können wir auch wieder nicht vergleichen, ihre Mentalität.

Ich selber sagte nicht viel, auf dieser Reise, ich hörte einfach zu. Ich kam mir eigentlich vor, wie wenn ich niemand wäre. Ich hatte ein sonderbares Gefühl. Ich hatte ja gar nichts gewußt von all diesen Dingen.

Wir flogen zurück nach Moskau, von dort auf die Krim am Schwarzen Meer, über den Kaukasus nach Sowjet-Armenien. Das war eine ganz andere Welt, das war, wie wenn wir in den Tessin gehen. Als Frau vom Land jetzt hier auf dem Land, das war für mich ein Erlebnis. Da bekam ich eine Ahnung, was Wüste ist.

Einmal kamen wir auf ein Gesundheitsministerium; da war eine Frau und die hat natürlich erzählt, wir, wir und was sie eben alles geleistet haben, beim Aufbau und so, und das ging natürlich schon auf ihre Mühle, das ist doch klar. Das hab ich begriffen. Aber direkt politisiert wurde nicht. In Leningrad trafen wir in einem schönen Hotel in einer großen Halle wieder auf eine Frauendelegation, das gibt es doch überall, so Abgeordnete, und das sind natürlich Leute, die etwas kennen, das ist doch logisch, hier wie dort. Und da wurde von unserer Delegation gesagt, was wir alles bei uns hören und lesen, und das sind alles, nur keine schönen Sachen. Dann haben sie uns von ihrer Sicht aus erzählt, eben von den Lügen und so. Und dann weiß ich noch, daß eine der Frauen sagte, wir wissen, daß vieles gegangen ist, das man ungeschehen machen möchte, wir wissen das, wo ist das nicht. Und daß sich die Frauen zusammentun müßten, um dem entgegenzuwirken, aber daß man ja wisse wie es sei auf der Welt, auf der ganzen Welt ist immer nur von der Emanzipation hier und dort die Rede, und so weiter, und alleweil sind wir Frauen ja doch hintendran. Aber eben, zwei Hälften brauche es, Gewicht verteilen undsoweiter, und etwas anderes gibt es gar nicht. Und das ging dann in die Politik hinein. Ich würde sagen, Politik fängt ja schon mit einem Stück Brot an.

Sie baten uns dann zu erzählen aus unserem Leben, aber ich konnte das nicht öffentlich. Was ich ihnen hier erzähle, das habe ich mit meinen eigenen Augen gesehen, und ich bin keine Hexe, ich kann nicht hinter die Dinge sehen. Aber ich hatte einfach nichts zu tun mit der Politik, ich hatte damit einfach nichts zu tun. Ich kann *denken*, aber ich kann nicht politisieren. Ich bin da, wie muß ich sagen, skeptisch. Ich bin keine Schwärmerin. Ich kann nicht einfach sagen, ja, ja, das ist gut, das ist gut. Ich weiß nur, daß es überall menschelt, angefangen bei einem selber. Das ist mein Leitmotiv, irgendwie.

Und dann kamen wir also nach Hause, via Prag wieder nach Zürich. Wir kehrten noch ein und verabschiedeten uns. Die Frau aus Bern rief ihren Bruder an und war nachher ganz konsterniert. Ihr Bruder sagte, daß sie sich auf etwas gefaßt machen solle. Eben, sie könne als Krankenschwester in der Gemeinde nicht mehr arbeiten gehen. Können sie sich das vorstellen, diesen Moment? Das hatte sie also schon in Zürich erfahren. Es war also einfach ein sonderbares Gefühl.

Das muß ich hier noch einfügen. Es war in Jerewan, an einem wunderbaren Tag. Dort hatte es einen Haufen Weinberge. Wir lebten in einem alten Hotel; es war schon wie im Orient. Ich erinnere mich noch an einen ovalen Tisch, wir sahen darauf immer diese wunderbaren Trauben. Und danach sagte ich, morgen ist zu Hause Bettag und heute hatten wir doch einen so schönen Tag, und mir ist es so schwer. Warum? Es ist etwas passiert, und das hat einen Zusammenhang mit der Reise, und dort hat in den Zeitungen bei uns die «Moskauiade» angefangen, in der Zeitung meines Dorfes, diesem Blättlein. Damals hat es also angefangen, von dieser Zeitung aus hatten sie das ausgestreut, und man weiß ja, wie man die Leute verrückt machen kann. Das ging alles los noch in *meiner Abwesenheit*. Und in Jerewan hatte ich meiner Gefährtin ahnend gesagt, es ist etwas passiert wegen dieser Reise. Es war mir einfach schwer, ich spürte, es ging etwas.

Und dann kam ich also nach Hause. Mein Mann hatte jemandem geholfen zu zügeln und konnte mich gar nicht abholen kommen. Und dann war gerade mein Nachbar auf dem Bahnhof. Ich grüßte ihn. Ich hatte die Koffer und Zeugs bei mir. Er grüßte nicht, lächelte nur hämisch, auch nichts von «kann ich ihnen etwas helfen» und so. Ich kam also an und fühlte, wie wenn ich in Brennesseln hineingefallen wäre. Später kam dann mein Gatte nach Hause und sagte, ja, es ist hier etwas gegangen und so. Aber ich kann diese Tage nicht mehr zusammenfassen. Es war einfach etwas Unheimliches.

Da standen also Dinge in den Zeitungen, verstreut in den Gazetten im Land. Mein Mann hatte darauf geantwortet, sich gerechtfertigt für mich, aber das kam nie, das wurde einfach nicht abgedruckt. Ich schrieb dann auch an die Lokalzeitung und erhielt zur Antwort, «mitgegangen – mitgefangen – mitgehangen». Wer nach der Sowjetunion pilgere müsse die Folgen seiner Handlungsweise halt tragen und dürfe sich nicht beklagen. Meine Einsendung werde jedenfalls nicht erscheinen und die Spalten der Zeitung seien für mich auch in Zukunft verschlossen.

Das war 1953, mitten im Kalten Krieg und dieser Krieg war so kalt, wie es heute heiß ist (Juli 76). Käme eine Frau zu mir und würde mir solche Dinge erzählen, ich würde es nicht fassen, ich würde glauben, die gehöre ins Hasenbühl (psychiatrische Klinik).

Ich war damals freier Mitarbeiter des Radios und machte unter meinem Mädchennamen Helene Bossert Mundartsendungen. Damit war nun pötzlich auch Schluß. Das Radio schrieb mir einen Brief, man könne mich nicht mehr weiter beschäftigen, weil «es heute einem gewöhnlichen Schweizer eben nicht möglich ist, Rußland zu bereisen...» Später – im 72 – ist einmal einer von der Lokalzeitung gekommen und wollte die Sache so quasi rückgängig machen. Ich müsse halt auch den B. begreifen, der mich zuerst in der Zeitung angegriffen und die Sache ins Rollen gebracht hatte. Der B. habe halt mit meinem Fall seine politische Karriere machen wollen. Das Himmeltraurige ist, daß dieser B. in der Sozialdemokratischen Partei war.

Der hat das angezettelt als er sah, daß er damit ankommt bei den Leuten, aber das läßt sich einfach nicht mehr erzählen. Das war alles nur noch rund um mich herum wie ein Haag mit Stacheln. Es gab früher Leute, die sagten, ja, mit der H. B. bin ich auch befreundet, ja, die hat das und das gesagt. Wie die Menschen einfach sind. In dieser Zeit hat sich dann gar niemand mehr getraut überhaupt mit mir zu reden. Nach ein paar Tagen war schon einer da und sagte, eben, er habe vernommen, wir wollten unser Häuslein verkaufen, er sei Interessent, und so weiter, und so weiter.

Mein Bruder und meine Mutter haben zu mir gehalten. Auf meinem Sohn aber wurde herumgetrampelt. Er war acht Jahre alt. Einmal hat er erzählt, ein Schulkamerad habe ihm gesagt, mich hätten sie in Rußland an einen Baum gebunden und danach hätte ich sagen müssen, was wir in der Schweiz für Munition haben. Das sind Dinge, die zu Hause erzählt wurden, ich war also eine Spionin. Das ist etwas, das kann man nicht erzählen. Und ich konnte mich nicht verteidigen, meine Briefe wurden in den Zeitungen nicht abgedruckt. Einmal hat mir ein Radiohörer, er war blind, der hat mich angerufen und ich hör ihn noch, wie er sagte, so, jetzt heißt's nur noch tapfer sein.

Das Ganze dauerte eigentlich rund zwanzig Jahre. Ich hab's überstanden, aber es waren schwere Zeiten. Ich habe manches daraus gelernt. Am Radio konnte ich im 57 wieder reden. Es hatte da eine gutgesinnte Frau im Verwaltungsrat, die sich für mich einsetzte.

Hier im Dorf blieb ich ein Fremdkörper, es war ein Schatten auf allem. Eine Nachbarin hat immer zu mir gehalten, wir haben letzthin darüber geredet, das war ein Glück, sie hat damals gerade ein Kind bekommen, gerade in diesen Tagen, deshalb geriet sie gar nicht in diese Geschichte hinein, irgendwie ist das an ihr abgeprallt.

Im 56, während dieser Ungarnsache, da war ich immer noch in «Sibirien», zum Sündenbock gestempelt. Da sind die Schüler einer Realschule zu mir gekommen, eine «Meinungsforschung» machen. Es war ein grauer, düsterer Novemberabend, da kamen sie, 18 oder wieviel. Sie fragten mich, was ich habe mit dieser Ungarnsache und so, wie ich dazu stehe. Ich hatte in jener Zeit einer Ärztin in der Sowjetunion, die mir irgendwie gefallen hatte, die ich während der Reise kennenlernte, der hatte ich einen Brief geschrieben und äußerte mich in dem Sinne zur Ungarnsache, daß solche Sachen halt nicht gehen. Ich konnte das doch nicht befürworten. Sie hat dann in ihrer Art erklärt, wieso sich das so ergeben habe. Nun gut, ich konnte diesen Schülern den Brief zeigen. Die waren dann etwas kleinlaut, diese Jungen, die waren nicht mehr als vierzehnjährig. Die wurden doch geschickt von den Lehrern. Ich lud einen dieser Lehrer ein, er soll mal zu mir kommen. Aber er kam nie. Diese ganze Kampagne kam doch von oben herab.

Vor nicht allzu langer Zeit vernahm ich, daß die Mutter dieses B. gestorben sei, einfach umgefallen auf der Straße und tot, und da suchte man den Sohn, eben diesen B., der mich so angegriffen hatte und wo fanden sie ihn? Er war auf einer Reise in *Leningrad*! Ausgerechnet. Das ist natürlich geplatzt, er sei in Leningrad. Ich glaube, er war, damals Landrat und Fürsorgesekretär. Das erinnerte mich immer an Gotthelf, der im Baselbiet einmal gesprochen und gesagt hat, im Baselbiet komme einer eher in den Landrat als ins Zuchthaus. Jedenfalls wurde diese Reise in die Sowjetunion nicht «veröffentlicht». Übrigens kennt er mich so wenig wie ich ihn kenne. Was der alles... Und wer alles noch dahinter steckte, das wissen wir gar nicht.

Ein Pfarrer M. hatte im Landrat 1954 eine Interpellation gemacht in meinem Fall, wie gemein man in etwas hineingeraten könne. Der hat mir dann einmal telefoniert, ob er zu mir kommen dürfe. Der hat mich dann so allerlei gefragt. Und ein anderer, ein Redaktor, hat mir einmal am Telefon gesagt, öpper, öpper habe ihm gesagt, ich soll gesagt haben, man müsse den Pestalozzi vom Sockel herunternehmen und den Stalin draufstellen. Also man kann blöde Sachen sagen... Und im Landrat hatten die über zwei Stunden über meinen Fall geredet. Es wurde dann gesagt, die Fauschs seien integre Leute. Kommt man da noch nach? Also integer sind wir und dabei... Und der Pfarrer M. schrieb mir im Dezember 54, wenn ich mich weiterhin mit kommunistischem Gedankengut befasse, könne er nicht mehr weiter für mich einstehen. Es habe ihm eben ein Mann gesagt, jetzt war es ein Mann, nicht mehr ein öpper, ich soll den *Pestalozzi* mit dem *Stalin* verglichen haben oder umgekehrt. Er könne es mit einem Eid bezeugen. Das war zuviel. Ich wollte dann noch anrufen, ich war natürlich aufgeregt, und irgendwie hat er dann abgehängt. Ich war aufgeregt, das kann man sich ja vorstellen. Und danach ist mir einmal regelrecht der Boden unter den Füßen weg... ich bekam Beine wie ein Elefant, mein Herz wollte nicht mehr. Aber ich hab's überlebt. Ich schrieb diesem

M. einen Brief, ich bitte ihn, mit diesem Mann zu mir zu kommen, und dieser Mann solle seine Behauptung mit einem *Eid* vor mir bezeugen. Für die Jungen ist das vielleicht nicht dasselbe, aber zu meiner Zeit, was für uns ein Eid bedeutet hat, und dieser Mann soll das mit einem Eid bezeugen. Er ist aber bis zum heutigen Tag noch nie mit diesem Mann gekommen.

Und anno 54, an der Fastnacht, da ist so ein Brauch bei uns, da verbrennt man irgendeine Figur, da haben sie mich verbrannt, unter großer Belustigung auf dem Gemeindeplatz. Zweihundert Franken sei ihnen das wert gewesen. Das war alles aus purer Luft, das Ganze! Es gab ja nirgends einen Grund, bei dieser Reise war nichts, rein gar nichts, was zu tun nicht zulässig gewesen wäre. Aber die andern haben das natürlich anders angeschaut. Wir waren einfach unter den ersten, unter den ersten Frauen, die in die Sowjetunion gingen. Man redet ja von den ersten Schwalben ... und ich war einfach unter den ersten, und ein Jahr später, das kann man ja alles nachschauen, gingen schon Bundesräte, aber das machte dann nichts, Geld stinkt nicht. Und die Sportler, die gingen auch. Es kamen dann schon Leute, die sagten, hu, dir ist es dreckig gegangen, aber wer hätte sich damals getraut einmal zu sagen: «So, schämt euch, macht das wieder in Ordnung!» Ich konnte dann wieder Lesungen halten und im 72 ist in der Schriftenreihe BL ein Buch von mir erschienen. Wie gesagt, nicht ich habe Politik gemacht, sie haben mit *mir* Politik gemacht, aber ich weiß, wo ich hingehöre und wo ich stehe. Das ist meine Haltung, ich kann denken.

Das Wasser im Bach, den ich vor meinen Augen habe, läuft vorwärts; wenn es stehen bleibt, stinkt's ...

Zwei Gedichte von Helene Fausch-Bossert:

Z Russland gsi,

z Russland gsi,
so, die mache mer jetz hi!

Vogelfrei,
vogelfrei,
bänglet nummen uf se Stäi.

Aber bräicht,
aber bräicht,
settig Häxe sy drum gäicht.

Hoppla druuf,
hoppla druufff,
bis zu ihrim letschte Schnuuf.

Z Russland gsi,
z Russland gsi,
so, die mache mer jetzt hi.
1953

S git Lüt im Dorf,
de kenntsch se chuum,
bis si in d Zytig chömme.
De vernimmsch
er ständi linggs,
probieri Falle zu stelle.
Und scho rüeft äine:
D Händ ewägg!
De chönnisch di verbrenne.
Der Hogge gstellt,
der Riigel gsteckt,
zäig mer däm der Mäischter.

Veröffentlichungen von Helene Fausch-Bossert:
Blüemli am Wäg (Gedichte), Underwägs (Gedichte), Aenedra (Kurzgeschichten); erschienen im Kommissionsverlag Lüdin AG, Liestal.

«Uns rettete die gewerkschaftliche- und Genossensolidarität.»

Theo Pinkus, Buchhändler, geboren 1909:

Wenn Du mich über 1956 fragst, so mischen sich in meine Erinnerungen an dieses in der Geschichte der Schweiz einmalige, antikommunistische Pogrom, Empörung, Angst und Zweifel. Wie war es möglich, daß es in Ungarn zu so einer Erschütterung der sozialistischen Macht, ja zur Auflösung und späteren (im Dezember 1956) Neugründung der Partei gekommen war, mit der wir als Kommunisten, wie mit allen kommunistischen Parteien, brüderlich verbunden waren? Wie war es möglich, daß bei uns Teile der Bevölkerung, entgegen ihrer demokratischen Tradition und humanistischen Grundhaltung, von reaktionären Studenten und Professoren und «Berufs-Antikommunisten», die wir ja auch heute noch haben, zu solchen Diffamierungen und Gewaltmaßnahmen gegen uns gebracht werden konnten? Und im Grunde genommen: war wirklich alles richtig, was unter Führung der KP der Sowjetunion und Stalin in der Sowjetunion selbst und in Treue zu ihr von den Kommunistischen Parteien vertreten und zugelassen worden war? Waren Kritik und Zweifel in der Vergangenheit nicht doch berechtigt? Revolutionäre Veränderungen und sozialistische Errungenschaften in der Sowjetunion und nach dem Kriege auch in den andern sozialistischen Ländern waren Tatsachen, die nur die Feinde nicht gelten lassen wollten. Aber über diesen Tatsachen hatten wir aus falscher Solidarität die unsozialistischen, ja im Widerspruch mit dem Sozialismus stehenden Verbrechen nicht doch immer wieder aus unserem Bewußtsein verdrängt? Und das als Marxisten, die alles was geschieht und sich verändert, vorurteilslos analysieren sollten, um die Zustände und sich selbst zu ändern?

Was hatte ich damals gewußt und erlebt?

Während der Tage – Ende Oktober, Anfang November 1956 – fand in Zagreb eine Buchmesse statt, an der ich teilnahm. Dort wurde ich von den Ereignissen in Budapest überrascht. Ich kam nach Zürich zurück und hatte keine Ahnung, daß es bereits zu Gewaltaktionen und anderen Ausschreitungen gegen Mitglieder der Partei der Arbeit und andere Linke, gegen die Buchhandlung des Literaturvertriebes und gegen Arbeiterlokale gekommen war. Ich mußte zur Kenntnis nehmen, daß die verantwortliche Führung der Studentenschaft, unterstützt von den Professoren, diese ganze Kampagne gegen die Zürcher Kommunisten in Worten, Aufrufen und mit Gewaltmaßnahmen anführten.

So berichte ich hier mehr über die Vorgeschichte der Ereignisse als über ihre Auswirkungen bei uns:

Der Nachfolger von Rakosi, der erste Sekretär der KPU nach dem Zusammenbruch der faschistischen Herrschaft in Ungarn, Gerö, trat in einer sehr falschen, «ungeschickten» Weise den Forderungen der Studenten und der Opposition gegenüber. Das Verhalten der Parteiführung hat dann die oppositionelle Bewegung so verstärkt, daß die rechtsbürgerliche politische Reaktion, die natürlich in Ungarn immer noch vorhanden war, sich im Lande selbst in die Oppositionsbewegung einschaltete. Wesentlich war aber von außen die Mobilisierung der Emigranten zur Rückkehr in ein, von ihrer Sicht aus gesehen, «befreites» Ungarn. Der Stalinismus unter Rakosi hatte unerhörte Schäden gebracht und vor allem die Prozesse der Nachkriegszeit, die von Stalin und dem sowjetischen Geheimdienst arrangiert worden waren, hatten die Empörung gegen das Regime verstärkt oder sogar zum Teil erst hervorgerufen. Enge Freunde von uns sind umgebracht oder zu langjährigen Gefängnisstrafen verurteilt worden. Letztere waren im Jahre 1956, als ich mit meiner Familie in Ungarn war, bereits freigelassen worden und hatten mit großen Hoffnungen die weitere Entwicklung erwartet. Diese Hoffnungen wurden durch die Gerö-Rede nach Absetzung Rakosis sehr angeschlagen.

Anfang 1957 besuchte ich auch Georg Lukacs, der schon vor 1933 zu den Freunden unserer Familie in Berlin gehörte und uns auch nach 1945 in Zürich besucht hatte. Er erzählte mir über seine «Regierungstätigkeit» und wie es zu seiner Internierung in Rumänien gekommen war. Er wurde als Kulturminister in die Nagy-Regierung berufen, nahm an einer der Sitzungen der Regierung teil, an der er den Vorschlag von Nagy, aus dem Warschauer-Pakt auszutreten, heftig kritisierte. Lukacs hatte sich geweigert in sein Ministerium zu gehen, in dem sich, nach seinen Äußerungen, bereits Reaktionäre und Faschisten, die vorher teilweise sehr dogmatische Rakosi-Leute waren, breitgemacht hatten. Lukacs wurde in einer Nacht von Freunden vor einem drohenden Überfall von reaktionärer Seite gewarnt und aufgefordert, sich unter den Schutz der jugoslawischen Botschaft zu begeben. Dort stellte er dann aber fest, daß viele Zuflucht gesucht hatten, mit denen er eigentlich nichts zu tun haben wollte. Er verließ die Botschaft wieder, wurde unterwegs festgenommen und in einem Flugzeug zur Internierung nach Rumänien in einen Erholungsort gebracht. Nach kurzer Zeit, konnte er nach Ungarn zurückkehren, wurde dann aber in der offiziellen kommunistischen Welt als «Revisionist» angeprangert. In der DDR wurden seine Bücher nicht mehr aufgelegt und enge Verbindungen mit ihm waren für seine alten Freunde eine Belastung.

Bei unserem Aufenthalt vor den Ereignissen, im Sommer 1956, erlebten wir Lukacs gerade nach seiner bekannten Rede im Petöfi-Klub, wo sich oppositionelle Leute und Studenten zu Diskussionen zusammenfanden. Damals schien sich die ganze Opposition so zu entwickeln, daß eine Änderung des stalinistischen Regimes als eine konkrete Möglichkeit erschien, ohne daß dabei die sozialistischen Errungenschaften in Gefahr gebracht würden. Man unterschätzte ohne Zweifel die Kräfte der Konterrevolution, die im Lande selbst und außerhalb, sehr aktiv waren.

Zur Vorgeschichte gehört auch der Fall des amerikanischen Genossen Noël Field, mit dem ich seit Jahren befreundet war. Ich hatte allerdings keine Schwierigkeiten wie so manche andere, denen die Beziehungen zu Field zum Verhängnis geworden waren. In der fraglichen Zeit seines Schweizer Aufenthalts nach 1943 war ich aus der (damals illegalen) KPS ausgeschlossen und Field durfte mit mir keinen Kontakt aufnehmen. Seine angebliche Rolle als USA-Agent, ganz im Widerspruch zu seinem Charakter und zu seiner Treue zum Kommunismus, konnte ich kaum glauben.

Field war als Sohn eines amerikanischen Beamten und Gelehrten, der sich nach Zürich zurückgezogen hatte, ins gleiche Schulhaus wie ich gegangen. Er sprach gut «Zürichdeutsch». Wir lernten uns aber erst in der Mitte der 30er Jahre bei seinem längeren Aufenthalt in Zürich kennen. Bei Ausbruch des Weltkrieges wurde er von einer amerikanischen freikirchlichen Bewegung, den Unitariern, angestellt, um in Europa Hilfsaktionen für die Insassen der Konzentrationslager zu organisieren. Er kam dann in die Schweiz zurück. Es gelang ihm damals mit Hilfe der illegalen KPD und Genossen anderer Kommunistischer Parteien, ein Netz für Hilfsaktionen vor allem in die KZ's in Frankreich aufzubauen. Führende Genossen der KPD, wie der heute noch in Berlin DDR lebende Franz Dahlem und andere, auch italienische Genossen, erinnern sich an diese, für ihr Überleben so wesentliche Hilfsaktion. Die offiziellen Amerikaner sahen Field's Arbeit mit Mißtrauen, weil er sich auf kommunistische Vertrauensleute stützte. In den Jahren 49–50 wurde ihm diese Hilfsstätigkeit von kommunistischer Seite umgekehrt als Agententätigkeit für Amerika vorgeworfen. Field war in der McCarthy[1]-Zeit in den USA, verließ das Land dann 49 und kam nach Europa zurück. Er hoffte auf eine Arbeitsmöglichkeit in der DDR oder in der Tschechoslowakei. Doch er verschwand urplötzlich in Prag. Er wurde mit seiner Frau verhaftet, nach Budapest geführt und dort verbrachten sie 5 Jahre Einzelhaft in ungarischen Gefängnissen. Field wurde zum Kronzeugen aller Prozesse, die von Moskau aus in den Ostblockländern organisiert worden sind. Besonders kraß waren die Prozesse in der Tschechoslowakei. Field war überall der Mann im Hintergrund, der große Agent, aber er war nie

---

1 Joseph McCarthy, US-Senator und Vorsitzender des berüchtigten Ausschusses gegen die «kommunistischen Umtriebe» zu Beginn des Kalten Krieges. McCarthismus = Antikommunismus und Verfolgung der Linken.

in einem Prozeß Angeklagter oder Zeuge. Man wagte nicht, ihn auftreten zu lassen, weil er sich strikt weigerte, die Leute zu belasten, und sie wagten es auch nicht, ihn umzubringen, weil er immer noch amerikanischer Staatsbürger war. So verlebte er diese Jahre in Budapest und wurde sofort nach dem Tode Stalins und dem Sturz Berias, rehabilitiert und entlassen. Er blieb dann in Ungarn und erlebte dort auch das Jahr 1956 und zwar im Spital. Darüber gibt es einen hochinteressanten Bericht von ihm, der uns sehr beeindruckte, obwohl wir in einigen Punkten nicht einverstanden waren. Field war einer derjenigen, der am meisten unter Stalin gelitten hat, aber er wollte die Schuldfrage nicht wirklich stellen, die Schuld Stalins und die Fehlentwicklung des Regimes, die unter Stalin eingesetzt hat. Er war ein überzeugter Kommunist und hat jahrzehntelang den ersten Arbeiter- und Bauernstaat unterstützt. Wie vielen alten Kommunisten fiel ihm eine radikale, kommunistische Selbstkritik, die zwar immer gefordert worden war, aber nie die «Generallinie» der Parteiführung in Zweifel bringen durfte, sehr schwer. Mir ist es auch so gegangen. Da wurde es offensichtlich, daß ohne diese Kritik und wesentliche Korrekturen nur der Konterrevolution und der Wiederaufrichtung reaktionärer Regimes eine Chance geboten wird.

Der äußere Anlaß, der dann auch zu Demonstrationen und Kundgebungen gegen die Nachfolger von Rakosi geführt hat, war ohne Zweifel der Rajk-Prozeß. Dieser Prozeß gegen den ehemaligen ungarischen Innenminister, der unter dem Vichy-Regime[1] in Frankreich während des Krieges im KZ Vermet gesessen hatte, berührte auch die Schweiz, weil ehemalige ungarische Emigranten, die während dem Krieg in der Schweiz gelebt hatten und nach der Befreiung Ungarns in ihre Heimat zurückkehrten, darunter auch eine Schweizerin, die einen ungarischen Genossen geheiratet hatte, in dieser Zeit, 1950, verhaftet wurden. Die Genossin Toni Drittenbass starb im Gefängnis, obwohl die PdA und andere Freunde in Ungarn interveniert hatten. Den Rajk-Prozeß bezeichnete damals der religiöse Sozialist Hugo Kramer im «Zeitdienst» als ausgemachte Justizkomödie und Schwindel. Der Prozeß war einer der Höhepunkte des «Personenkults», wie der Stalinismus und seine katastrophalen Auswirkungen auf dem 20. Parteitag der KP der Sowjetunion 1956 bezeichnet worden war. Auch für uns waren Chrustschows Enthüllungen und seine Abrechnung mit der jüngsten Vergangenheit der Stalinschen Herrschaft ein Donnerschlag. Stimmte doch vieles, was von den Feinden der Sowjetunion und des Sozialismus ausgenutzt und noch übertrieben worden war? Hatten

---

1 Vichy-Regime, Vichy war Hauptstadt des unbesetzten Frankreich nach dem militärischen Sieg der Nazi-Armeen. Ministerpräsident war Marschall Pétain.

nicht die sozialistischen und revolutionären Kritiker der Stalinschen Politik doch recht? Das beschäftigt nicht nur die Kommunisten seit 1956 in der Schweiz, sondern in allen Ländern, auch dort, wo sie an der Macht sind. Ich erinnerte mich, wie klug und verständnisvoll der Sekretär der PdA, Genosse Edgar Woog, der mich 1950 wieder zum Eintritt in die Partei aufgefordert hatte, war, als ich ihm meine Bedenken zu der Einschätzung des Rajk-Prozesses von Hugo Kramer im «Zeitdienst» erzählte. «Laß es nicht zur Gefährdung Eurer Zusammenarbeit und des Zeitdienst kommen.» Woog schätzte nicht nur unsere 1949 mit dem «Zeitdienst» gegen den Kalten Krieg begonnene Arbeit; er wußte über die Vorgänge in Ungarn mehr als ich.

Im Herbst 1956 gab es ein Ehrenbegräbnis für den «Staatsverbrecher» Rajk. Es hat mit dazu beigetragen, daß die Opposition immer breiter wurde. Auch Beschwichtigungsversuche des Nachfolgers von Rakosi, der inzwischen abgesetzt und in die Sowjetunion abgeschoben worden war, hatten keine Wirkung.

Das alles ist Hintergrund der ungarischen Ereignisse. Deswegen wurden diese auch für die Bevölkerung und für die kritischen Kommunisten zu einer Abrechnung mit dem Stalinismus. Aber sie boten zugleich der Reaktion große Möglichkeiten. Diese konnte sich dann aber nicht nur wegen der sowjetischen Truppen, sondern auch wegen der Haltung der Bauern nicht durchsetzen. Der Fürstprimas von Ungarn, Kardinal Mindszenti, verlangte in einer Radiorede Kirchengüter zurück. Die Rückkehr alter Großgrundbesitzer während den Ereignissen zeigte den Bauern, daß ein Umsturz für sie bedeuten würde, wieder unter das alte, feudale Joch zu kommen. Deswegen unterbrachen sie die Belieferung der Städte mit Nahrungsmitteln nicht und verhielten sich dann später auch dem Kadar-Regime gegenüber positiv.

Nach der Schilderung eines meiner Freunde, den ich in Budapest nach den Ereignissen traf, zeigte sich zum Beispiel die Konterrevolution darin, daß ungarische Faschisten, die aus Bayern gekommen waren, das Städtchen Gjör besetzt hielten. Sie übten die Grenzkontrolle aus und untersuchten meinen, aus der CSSR zurückgekehrten Freund, nach «kommunistischer Propaganda», wie zur Zeit des Horthy-Regimes. Ähnliche Erlebnisse hatten andere Genossen an der österreichisch-ungarischen Grenze. Weiter schilderte uns ein anderer Genosse, der unter Horthy und Rakosi gesessen hatte, wie in den gewählten Arbeiterräten sofort eine Differenzierung vor sich ging zwischen bürgerlichen Elementen, die sich da eingenistet hatten, und anderen, die tatsächlich die Rätedemokratie ausbauen wollten. Es gab Stadtviertel, wo die Räte unter reaktionärer Führung standen, während in anderen die Räte die sozialen Errungenschaften schützen und ausbauen wollten. Man konnte da also von einer Hausecke zur andern ins feindliche Lager geraten.

Die Konterrevolution zeigte sich auch in den Institutionen. So zum Beispiel im Amt für Karthographie. Dort waren vom alten Regime übernommene Offiziere, die praktisch das ganze Amt beherrschten. Die Kommunisten mußten in diesem Amt «illegal» tagen. Ähnliche Erscheinungen gab es auch in anderen Ämtern und Ministerien. Es zeigte sich, daß eine große Anzahl ehemaliger Faschisten und Monarchisten nach 1945 wieder übernommen und in neuen Funktionen eingesetzt worden waren, weil sie ein Lippenbekenntnis zum neuen Regime abgegeben hatten, jetzt endlich, die von ihnen längst erhoffte Restauration der alten Zustände gekommen sahen. Unter Nagy nahm sich die Reaktion die «Freiheit», ihre Zeitungen herauszugeben und Nutznießer des alten Regime vor 1945, sowie Vertreter großer ausländischer Konzerne zu Reprivatisierungs-«Sondierungen» zu empfangen. Ich erwähne diese Dinge, weil sie uns bekannt wurden und weil sie uns in der Schweiz, die wir unter dem anti-kommunistischen Propagandafeuer standen, trotzdem erlaubten, die Ereignisse einzuschätzen. Wir waren uns über die Ursachen im klaren, aber die sozialistischen Errungenschaften, die immerhin selbst unter dem stalinistischen Rakosi-Regime zu verzeichnen waren (Ungarn gehörte vor 1945 zu einem der verelendetsten und schlimmsten Ländern Europas), die wollten wir nicht gefährdet sehen. Wir begrüßten deshalb auch die undogmatische Parole von Kadar, der sagte, «wer nicht gegen uns ist, der ist für uns.»

Mit der angestrebten Machtverschiebung in Ungarn hätte auch die gleichzeitige Intervention der Franzosen und Engländer am Suez-Kanal zu einem Weltkrieg führen können. Beide Ereignisse sind nicht zu trennen.

Unter Kadar wurden wesentliche Forderungen der Opposition, die vorher unter Rakosi in jeder Weise unterdrückt war, durchgesetzt.

Noch etwas zu meinen Erlebnissen: Als Auswirkung des Pogroms gegen PdA-Mitglieder mußten wir die Flucht vieler Genossen, mit denen ich zusammengearbeitet hatte, aus der Partei und anderen Organisationen – zum Beispiel «Kultur und Volk» – feststellen. Ich blieb selbstverständlich in der Partei, von der ich 1950 rehabilitiert worden war. Ausdrücklich wurde mein Ausschluß von 1943 als zu Unrecht erfolgt bezeichnet. Dieses Verbleiben wurde mir von vielen sehr verübelt, vor allen Dingen von denen, die die ungarischen Ereignisse zum Anlaß nahmen, mit der ohnehin geschwächten PdA zu brechen.

Auch unser Antiquariat wurde zum Ziel eines Überfalls. Die Studenten wollten es gleichzeitig mit dem Café Boy – Treffpunkt der Linken – überfallen. Davon erfuhr auch der damalige Leiter des Gewerkschaftskartells der Stadt Zürich, Otto Schütz, der mich noch aus der Kommunistischen Partei der Dreißiger Jahre gut kannte. Schütz warnte die Studenten intern und die Polizei vor gewerkschaftlichen Gegenaktionen. Seine Warnung genügte. Die Überfälle wurden abgeblasen. Hier ist einmal die Macht der organisierten Arbeiter gegen diese antikommunistische Kampagne ins Spiel gebracht worden. Schütz hatte sicher die Zusage einiger bedeutender Gewerkschaftssektionen, gegebenenfalls einzugreifen.

Die gewerkschaftliche Solidarität sollte sich aber später in ebenso wirksamer und für mich persönlich wichtiger Weise zeigen. Der Hausbesitzer der Predigergasse 7, wo sich unser Antiquariat befand, kündigte uns sofort mit der Behauptung, wir seien eine «kommunistische Werbe-Zentrale». Das Bezirksgericht, das wir um Erstreckung der Kündigung ersucht hatten (mehr war nach den Gesetzen nicht möglich), hatte ihm das auch nicht abgenommen – nach 11 Jahren Mietverhältnis. Ein Gutachten vom demokratischen Regierungsrat Reich lag auch noch vor, das die buchhändlerische und sogar wissenschaftliche Bedeutung unseres Antiquariats und des Büchersuchdiensts bescheinigte. Der Hausbesitzerverband verschickte ein Mitglieder-Rundschreiben mit der Aufforderung, uns ja nichts zu vermieten und zu verkaufen. Die Hausbesitzerin unseres Sortimentladens in der Mühlegasse, den wir eben eingerichtet hatten, warf uns auch hinaus.

Da wurde uns die Froschaugasse 7 angeboten.

Nie hatten wir die Absicht noch die Möglichkeit gehabt, ein Haus zu kaufen. Für Hypotheken wollte der Verkäufer aber sorgen und so pumpten wir uns 30 000,-- Anzahlung zusammen, da sonst die Gefahr der Geschäftsaufgabe war. Die Hypotheken waren aber nicht zu finden. Uns rettete die gewerkschaftliche- und Genossensolidarität. 25 Jahre war ich im VHTL (Handels-, Lebensmittel- und Transportarbeiterverband). An der 1. Mai Demonstration fragte ich schüchtern einen Funktionär nach Möglichkeiten für Hypotheken. Vier Wochen später wurden sie von allen Instanzen dem Kollegen und Kommunisten bewilligt. Wir wollten es kaum glauben, als das Geld des VHTL beim Notar auf den Tisch gelegt wurde. Genossen halfen zu günstigen Bedingungen, teilweise gratis, das Haus soweit in Ordnung zu bringen, daß es die Bücher tragen und als Arbeitsstätte und Laden benutzt werden konnte. Diese Solidaritätsbeweise in der Zeit der schärfsten Hetze gegen die Kommunisten waren großartig und die Voraussetzung für die 1972 errichtete Stiftung «Studienbibliothek zur Geschichte der Arbeiterbewegung» und die Bildung der Pinkus-Genossenschaft – eine Basis für genossenschaftliche – und sozialistische Arbeit, wie ich es immer gewünscht hatte.

Theo Pinkus hat von der Möglichkeit Gebrauch gemacht, den Text des Gespräches abzuändern und hat die ursprüngliche Fassung vollständig umgearbeitet.

Anton Tanner, November 1956

Eine Schweizer Chronik
ca. 200 Seiten, ca. Fr./DM 16.80

Stimmt das, was der Lehrer 1956 über Ungarn erzählte? Wer hat damals wem geglaubt und warum? Anton Tanner (*1947) hat einige Schweizer Tageszeitungen verschiedener Couleur aus dem Jahre 1956 studiert. Alles, was im Bezug auf Ungarn geschrieben wurde, hat er in seiner Chronik verarbeitet. Über kulturelle Anlässe, den Fussball, die historischen Ereignisse bis hin zur gesamtschweizerischen Kommunistenjagd schildert diese Chronik ein Jahr politische Schweizer Realität, die ein Spiegelbild der "öffentlichen" Meinung in einem Schlüsseljahr der Arbeiterbewegung darstellt.

Max Schmid:

Demokratie von Fall zu Fall
Repression in der Schweiz
464 Seiten, 148 x 210, Fr. 39.—

Diese Dokumentation stellt ein politisch brisantes Thema zur Diskussion, das die schweizerische Öffentlichkeit mehr und mehr beunruhigt: Die Repression in der Schweiz. Wohl noch nie zuvor hat ein Schweizer Schriftsteller so schonungslos aufgezeigt, was sich hinter den Kulissen der "ältesten Demokratie der Welt" nahezu alltäglich ereignet. An einer Fülle von Beispielen aus den Jahren 1960–1975 belegt Max Schmid, wie die merkantile Demokratie in der Schweiz von Fall zu Fall funktioniert, welches ihre Opfer sind und welche Institutionen, Verbände, Firmen und Personen für den allmählichen Abbau der Freiheitsrechte in diesem Lande verantwortlich sind. Die Wahrheit ist konkret, sagt Günter Wallraff in Anlehnung an das Brecht-Wort, wonach die dunklen Mächte Name, Anschrift und Gesicht haben. Auch Max Schmid arbeitet ausschliesslich mit Fakten; die Schlussfolgerungen überlässt er dem Leser.

Wer sich für die Herrschaftsstrukturen in der Schweiz interessiert, kann an diesem Buch nicht vorbeigehen. Zudem bietet es jedem freiheitlich orientierten Schweizer eine wertvolle Hilfe auf dem langen Marsch durch die Institutionen.

Verlagsgenossenschaft

Verlag:	Auslieferung:
Verlagsgenossenschaft	Buch 2000
Postfach 157, 8059 Zürich	8910 Affoltern am Albis

Bücher aus dem Limmat Verlag

Autorenkollektiv

Krise: Zufall oder Folge des Kapitalismus?
Die Schweiz und die aktuelle Wirtschaftskrise

Eine Einführung aus marxistischer Sicht. Mit Dokumenten, Illustrationen und zahlreichen graphischen Darstellungen.

ROTE WELLE 1

Bis in die sechziger Jahre hinein erschien der Nachkriegskapitalismus als einigermaßen gesichertes System: größere wirtschaftliche Krisen blieben aus. Der Kapitalismus hatte sich anscheinend zu einem System entwickelt, das steigenden Wohlstand für alle garantierte. Die aktuelle Wirtschaftskrise ist daher ein harter Schlag für die Gesundbeter des Kapitalismus, welche ihre Reformpolitik auf die Illusionen einer krisenfreien Wirtschaftsentwicklung und auf die Wunderwirkungen von Eingriffen des bürgerlichen Staates aufgebaut hatten. Die Autoren geben eine verständliche Einführung aus marxistischer Sicht. Besondere Berücksichtigung findet die Situation in der Schweiz. Die Darstellung soll verstanden werden als Diskussionsbeitrag und Anstoß zu einer Standortbestimmung in den Gewerkschaften und in den Parteien der Arbeiterbewegung.

Helmut Zschokke

Die Schweiz und der spanische Bürgerkrieg
ROTE WELLE 3

Spanien 1936: Faschistischer Militäraufstand gegen die legale Volksfront-Regierung. Unterstützt von Italien und dem Deutschen Reich rücken die Rebellen scheinbar unaufhaltsam vor. Arbeiter, Intellektuelle und Antifaschisten aus der ganzen Welt eilen zur Verteidigung der Republik nach Spanien. Auch etwa 700 Schweizer ziehen nach Spanien. Über hundert fallen im Kampf für die Republik.
Während die Arbeiterbewegung in der Schweiz Hilfe für die bedrängte Republik organisiert, schlagen sich die offizielle Schweiz und das Bürgertum auf die Seite Francos. Engagierte Verfechter der Volksfront werden als «Spanienwerber» ins Gefängnis gesteckt. Heimkehrende Spanienkämpfer werden vors Militärgericht gestellt und zu mehrmonatigen Gefängnisstrafen verurteilt. Helmut Zschokke ruft mit seinem Buch in Erinnerung, daß der spanische Bürgerkrieg ein Kapitel unbewältigter Schweizer Geschichte ist.